アドラーに学ぶ

〝人のためにがんばり過ぎない〟生き方

桑原晃弥

WAVE出版

「はじめに」

「あんなにしてあげたのに……」

「それくらいのこと、してくれてもいいのに……」

「なんで自分ばっかり……」

「もっと評価されていいはずなのに……」

目まぐるしく変わる現代、こうした悩みを持つ人が増えている。

そしていつの時代も、私たちの人生に不安や悩みはつきものだ。

アドラーは言った。

「我々には対人関係以外の問題はない」

ここで、アドラーの紹介を簡単にしておこう。

アルフレッド・アドラーは、オーストリア出身の精神科医で心理学者である。

1870年に生まれ、50代半ばまでウィーンを中心に活躍したのち、活躍の場をアメリカに移し、1937年に亡くなっている。

ここ数年、『嫌われる勇気』が大ベストセラーになったこともあって、アドラーの名前を知る人は増えている。ただ、それ以前はアドラーの名前を知っている人はほとんどいなかった。

たしかに、現代心理学の基礎を築いたフロイトやユングに比べてアドラーの知名度は高くない。しかし、アドラーの業績が劣っていたわけではない。

むしろアドラーの提唱した「個人心理学」は、アメリカで熱狂的に受け入れられ、世界的ベストセラー『人を動かす』の著者デール・カーネギーなど自己啓発の大家たちに大きな影響を与えている。

そんなアドラーが現代の日本でブームを起こしたのには、理由がある。

「人は努力と訓練によって、何者にでもなることができる」という楽観主義が、アドラーの基本的な考え方であり、そこに多くの人が共感したのだ。

環境や遺伝、貧困や教育などによって自分の可能性を奪われたと感じる人は少なくないが、私たちは過去（原因）によって縛られた存在ではなく、自分が選んだ未来に向かって課題に対処し、向上していく存在だというのがアドラーの考え方だ。

そして対処すべき課題のほとんどは、「仕事」「交友」「愛と結婚」といった対人関係上の問題だと説いている。

私は長く人事の仕事に携わってきたが、「仕事がうまくいかない」「会社をやめたい」といった理由の背景にあるのは、ほとんど人間関係のつまずきだった。

それほどに「対人関係」というのは、人生の最も厄介な課題の一つと言っていい。

そこでアドラー流の考え方や生き方を知ることは、他人とコミュニケーションをとるのが苦手だったり、対人関係でつまずきやすかったりする人、厄介な人に振り回されがちな人にとって、人生を今よりもラクに生きていくための指針となる。

そして今回の本で特に伝えたいのは、「人のために過剰にがんばろうとしない」「人に期待し過ぎない」ということだ。

私たちは子どもの頃から親の期待に応えよう、先生の期待に応えよう、上司の期待に応えよう、みんなの期待に応えようとがんばってきた。それはどこかに人に「褒められたい」「認められたい」という強い意識があったからだ。

にもかかわらず、周りの人は自分の期待通りには動いてくれない。それどころか、時にはこちらの期待以下の反応が返ってきてがっかりしたりする。

結果、落ち込んだり、悩んだり、怒ったりするわけだが、それで神経をすり減らすくらいなら最初から人に期待するのはやめたほうがいい。過度な期待を捨てて、相手の反応をそのまま受け止めるようにすれば、今よりも自分らしく生きることができる。

学校や家庭、仕事、ネット社会の中で「嫌だなあ」「つらいなあ」と思った時はぜひ、本書を手に取ってパラパラと目を通してほしい。きっと「あっ、そうか、こう考えればいいんだ」という答えに出合えるはずだ。人生はそれだけでグッとラクになる。

現代は生きづらい時代で、気持ちをくじかれることも少なくない。

ただ「失敗は勇気をくじくものではなく、課題として取り組むべきものだ」「たいていの人は今よりも遠くに行くことができる」といったアドラー流の考え方を知るだけで、きっと今よりも素晴らしい未来が開けるはずだ。

そんなアドラー流の考え方が読者の生きる力となれば、これに勝る幸せはない。

本書の出版と執筆には、株式会社ＷＡＶＥ出版顧問の玉越直人氏、同編集委員の藤岡比左志氏、ＯＣＨＩ企画の越智秀樹氏にご尽力を頂きました。心より感謝いたします。

桑原晃弥

アドラーに学ぶ“人のためにがんばり過ぎない”生き方――目次

第3章 他人のことより、まず自分の気持ちを大切にする

第4章

成り行きに任せると、人生はこんなにラクになる

ブックデザイン◉遠藤陽一＋中村沙蘭（デザインワークショップジン）
編集協力◉越智秀樹（ＯＣＨＩ企画）

謝辞と参考文献

次の書籍を参考にし、アドラーの言葉については引用もさせていただいた。

岸見一郎氏はアドラー研究の第一人者であり、実に多くのことを学ばせていただいた。

深く感謝し、お礼を申し上げるとともに、読者にも岸見氏の著作を読むことをおすすめする。


『個人心理学講義』アルフレッド・アドラー著　岸見一郎訳　アルテ／『性格の心理学』アルフレッド・アドラー著　岸見一郎訳　アルテ／『生きる意味を求めて』アルフレッド・アドラー著　岸見一郎訳　アルテ／『勇気はいかに回復されるのか』アルフレッド・アドラー著　岸見一郎訳・注釈　アルテ／『性格はいかに選択されるのか』アルフレッド・アドラー著　岸見一郎訳・注釈　アルテ／『恋愛はいかに成就されるのか』アルフレッド・アドラー著　岸見一郎訳・注釈　アルテ／『子供の教育』アルフレッド・アドラー著　岸見一郎訳　一光社／『アドラーの生涯』エドワード・ホフマン著　岸見一郎訳　金子書房／『アドラー　人生を生き抜く心理学』岸見一郎著　ＮＨＫブックス／『アドラー心理学入門』岸見一郎著　ベスト新書／『困った時のアドラー心理学』岸見一郎著　中公新書ラクレ／『人生を変える勇気』岸見一郎著　中公新書ラクレ

第1章

「人は人、自分は自分」で、ほどよい距離感を保つ

本当に大切なこと以外は、「NO」を言う勇気を持つ

　仕事でも私生活でも、同僚や友人から「あれやって」「これやって」と頼まれると嫌と言えない人がいる。

　頼む側からすれば何とも頼りになる存在だが、こうした人に限って「何で自分はNOと言えないんだろう」「こんなにやってあげているのにちっとも感謝されない」と不満を感じていることも少なくない。

　頼まれごとに対して「よし、やろう」と積極的な気持ちで引き受けているのならともかく、一般的にこうした人は、「人に嫌われたくない」という思いが強すぎるのか、「言いたいことを言わずに我慢」し、「多少無理してでも、相手に合わせる」ところがある。

　しかし、「何でもYES」を繰り返していると、いつの間にかただの「便利屋」さんになってしまい、たまに「NO」を言おうものなら、「いつもはいいって言ってくれて

たじゃない」と、かえって相手から批判されることになってしまう。

アドラーによると、「言ったら怒らせてしまう、嫌われてしまう」と相手の顔色をうかがって、言うべきことを言わなかったり、「NO」を言わないのは、本当の意味で「良い友人」とは言えない。

アドラー流の良い友人とは、**他人の幸福に関心はあるものの、言うべきことはしっかり言い、決して他の人を怒らせること、嫌われることを恐れない人**のことを指す。

ある有名な経営者が若い頃、人生の先輩に教えられたアドバイスの中で最も役に立ったのは、「**本当に大切なこと以外は『NO』を言うことを覚えなさい**」だったと話していた。

人は「嫌われたくない」気持ちが強すぎると、自分の時間を削り、心をすり減らすことになりがちだ。

それよりも「嫌われたっていい」と開き直ってしまうことで、気持ちもラクになり、自然体で人と付き合うことができるようになる。やってみてほしい。

◉ ── 嫌なことを引き受けすぎて、自分の時間と心をすり減らさない

第1章
「人は人、自分は自分」で、

「ここだけの話」は、誰かに漏れることを前提に話す

人は「内緒の話」や「秘密の話」が大好きだ。

だから、相手から「これは内緒にしてね」「ここだけの話だけど」と言われて100%誰にも話さない人はほとんどいない。

「人から聞いたんだけど」と言って誰かに話してしまうのは、よくあることだ。

とはいえ、「これは内緒にして」「この話、あなただけだからね」と言ったにもかかわらず、周りの友人にどうも漏れているらしいとなると、言われた人の気持ちは穏やかではない。信頼していたはずの友人に裏切られたような気分にもなる。

ただ、ここでちょっと考えて欲しい。あなたの「内緒話」や「秘密」は、絶対人に知られてはいけないものなのだろうか？

人が「内緒ね」「秘密ね」という話のほとんどは、たわいのないものだ。だからこそ人は、「つい話してしまう」のだ。

であれば、いっそ「秘密の話だから」と言いつつ、「こいつ、誰かに言うな」くらいの覚悟はしておいた方がいい。

「ここだけの話」は、「ここだけの話」とついた瞬間に、あっという間に広まっていく。

だからこそ、本当に誰にも知られたくないのなら、絶対に言わないか、心底信じられる人にだけ話した方がいい。

アドラーが言うように、「私たちはみな仲間」だが、だからといって友人のすべてと等距離で付き合う必要はない。

相手の性格や相手への信頼感に応じて、適度な距離を保ちながら上手に付き合っていけばいい。もし「ここだけの話」を誰にでも話してしまう友人だとわかったら、こちらの付き合い方を変えればいい。

アドラーが言うように、他人を変えることはできなくても、自分はいつだって変えられるのだから。

◉——漏れたら嫌な秘密は親友であっても打ち明けてはいけない

第 1 章
「人は人、自分は自分」で、

大切な人と仲良くなるには、相手に頼みごとをしてみる

何でもかんでも人を頼って、人任せにしてしまう人は困りものだが、どんな時でも「自分で何とかしなければ」と一人でがんばってしまう人も厄介だ。

責任感が強いのは悪いことではない。かといって、強すぎる責任感は、時に自分を苦しめたり、周りに迷惑をかけることもある。

たとえば、「これは何が何でも私がやらないと」と一人でがんばった末に、身体を壊したりすると、結局は家族や職場の人たちに迷惑をかけることになる。

ある人が、こんなことを言っていた。

「**相手と仲良くなるコツは、相手に頼みごとをすることだ**」

世の中は、多くの人との関係性で成り立っている。

そして、誰もが何らかの特技を持っており、誰もが頼まれたいことを持っている。

だから、もしあなたが何かに困って、「こういうことが苦手なので、ちょっと助け

てくれませんか」と頼むのは、相手にとっても嬉しいことなのだ。

その代わり、自分が得意なことは、頼まれたらどんどん手伝ってあげればいい。

いわば、自分が苦手なことは遠慮せず誰かに助けを求めればいいし、自分にできることがあれば、どんどん手伝ってあげればいい。

こうした「頼まれたり、助けたり」の関係を通して、人と人はつながり、人の輪が広がっていくことになる。

アドラーが言うように、「人と人は対等」であり、「みな仲間」であり、そして「協力する」ことで、この社会は成り立っている。

だとすれば、「任されたことはすべて一人でやる」という責任感は大切だが、「自分には荷が重いなあ」と感じた時には、遠慮なく人に頼ってもいい。

人に期待し過ぎるのは好ましいことではないが、「自分が困った時には助けてくれる人がいる」と信じたほうがラクに生きられる。

◉ ──「頼まれたり、助けたり」を通して、人は仲良くなっていく

第1章
「人は人、自分は自分」で、

本物の人間関係は、「仲の良い喧嘩」から生まれる

アドラーは、「良い友人」とは何かについて、こんな言い方をしている。

「この人は良い友人であるが、他の人を怒らせることを恐れない。しかし、いつも他の人の幸福に関心があるだろう」

良い友人は、控えめではない。

友人を怒らせるというのは決していいことではないが、かといってあなたが「こんなことを言ったら怒らせてしまう」「こんなことを言ったら嫌われる」と相手の顔色をうかがって適切な助言をためらうようなら、良き友人とは言えない。

「相手のため」「相手の幸福のため」が根底にあれば、時に厳しいことを言って相手を怒らせることは歓迎すべき行為である。

そこで、相手が「なんで私を怒らせるようなことばかり言うんだ」と怒ってしまったら、それは相手が求めているものが「うわべだけの良き友人」だということだ。

うわべだけの良き友人は、いつも優しい言葉をかけ決して厳しいことは言わないが、心の中では相手の幸福への関心などなく、あるのは自分の幸福への関心だけなのだ。

そんな友人に何かを言うのは、やめた方がいい。せっかくのアドバイスも、あなた自身を傷つけてしまうことになる。

仕事でも同じだ。

良いチームワークはどうすればできるのかと言うと、単なる仲良しクラブではなく、仲の良い喧嘩をすることがとても大切になる。

他の部署や他の人に対して、「こんなことを言うと嫌われる」と遠慮したり、相手が「よそのことに口をはさむんじゃない」と脅しをかけるようでは、良きチームワークは生まれない。

お互いが言いたいことを言い、そこからより良いものを生み出していくという仲の良い喧嘩ができてこそ、本物のチームワークが生まれる。

⊙ ── **良き友人は、友人を怒らせることを恐れない**

第 1 章
「人は人、自分は自分」で、

メールやLINEに返信がない時は、ひと呼吸おいて待ってみる

メールやLINEをやり取りする時、送る側は「今、これを伝えたい」「今すぐ返事が欲しい」と思っているが、受け取る側にもさまざまな事情がある。「今見るのは無理」「詳細を見ないと返事は出せない」ということは決して珍しいことではない。

ただ、どんなに忙しくても、人は食事くらいはするし、トイレにだって行くわけだから、合間にちょっとメールを見たり、「今日は忙しくて返事を書けないので明日書きます」くらいの返信ができるのも事実だ。

にもかかわらず、一切メールに反応しないということは、アドラーに言わせれば**相手には相手の「返信したくない理由がある」ということだ。**

人は「忙しいから返信できない」のではなく、「返信したくないから『忙しくて返信できない』と言っている」と考えるほうが本当だ。

ただ、そこで「忙しいなんて口実で、本当は返信したくないだけでしょう」と怒っ

てしまうのは早計だ。「大切な内容だからしっかり確認してから返信しよう」と考えているかもしれないし、「急いで返信して間違いがあったら大変だ」と考えているのかもしれない。「**怒りの感情は人と人を引き離す**」**だけである。**

それを忘れて、「どんなに忙しくてもメールの返信ぐらいできるし、LINEを読むくらいできるはずだ」などと、自分の論理で相手を非難すると、周りから「親しいはずの人たち」がどんどん去っていくことになる。

「自分はどんな時だってすぐ返信するし、LINEにも目を通す」はその人のやり方であり、**同じことを家族や友人に期待するのは「相手に期待し過ぎること」なのだ。**

メールやLINEをしてもすぐに返事がない時は、相手にもなんらかの事情があるのだと考え、待ってみる。返事が遅すぎる場合には、「何かありましたか」と冷静にフォローの連絡を入れてみる。

相手に期待し過ぎず、「相手にもいろいろな事情があるのだろう」と考えると、ほどよい距離感で周りの人たちと付き合えるようになる。

「相手には相手の事情がある」と理解すると腹も立たない

「人は他人の気持ちをわかってくれないもの」と割り切る

相手のためと思って言ったことが、うまく伝わらず、誤解されることがある。逆に、仕事が忙しくて大変な時に限って、無神経な言葉をかけてくる人がいる。

こんなことが続くと、人はつい「どうしてみんな私のことをわかってくれないだろう」と悲しくなるし、イライラして怒りを爆発させてしまうこともある。

でも、こんな時に頭に入れておいてほしいのが、**人は他人の気持ちを簡単にはわかってくれないものだ、**ということだ。

イトーヨーカ堂の創業者・伊藤雅俊さんは商売を始めた頃からこう思っていた。

「お客さまは来て下さらないもの」

「問屋さんは品物を卸してくれないもの」

「銀行はお金を貸してくれないもの」

ここを誤解して相手に期待してしまうと、「どうしてお客さまは来てくれないんだろう」「どうして銀行はお金を貸してくれないのだろう」「どうして問屋は品物を卸してくれないのだろう」と不満ばかり募るようになる。

最初から「〜してくれないもの」と覚悟を決めてしまえば、「じゃあ、どうしようか」と知恵が出るし、「でも、がんばろう」と苦しさを乗り切ることもできる。

人間関係も同じだ。**「結局のところ、我々には対人関係以外の問題はないように見える」**とアドラーが言うように、私たちに起こる問題のほとんどは対人関係だ。

相手に裏切られることもあれば、仲間から手厳しいことを言われることもある。

今の時代、誰もが生きるのに精一杯で、相手のことを思いやる心の余裕を失いがちだ。だったら、「他人は自分のことをすぐに分かってくれないもの」という前提で、人と付き合っていくといい。

相手への過度の期待を捨てて、「簡単にはわかってくれないけれども、慌てず焦らずじっくりと付き合っていこう」と考えれば、イライラすることなく、人付き合いできる。

何事も相手に期待し過ぎないこと

遅れてきた友人に、「来てくれてありがとう」

「遅刻魔」と呼ばれる人がいる。

「この時間にこの場所で」と約束をしても、必ず遅れてくる。5分、10分ならともかく、それ以上遅れることもあり、その後の計画が台なしになることもある。

かつてビートたけしさんが番組を休んだ理由について、「おばけが出たから」と言ったことがあるが、遅刻の理由はいつだって多種多様だ。物事ができない理由は、いつだって100ほどもある。

「目覚まし時計が鳴らなかった」と言う人もいれば、「電車に乗り遅れた」と言う人もいる。前日に、夜遅くまで何かをやっていて起きられなかったと言う人もいる。

こうした約束の時間に遅れる人に対してアドラーは、手厳しい。こう話している。

「適当な言い訳もなく、デートに遅れる恋人を信じてはならない。このような行動は、ためらいの態度を表している」

理由はともかくアドラーが言うように、何かをやらない人の根底にあるのは「やりたくない」であり、だからこそ人は「やらないための理由」をいくつも挙げることになる。

はたして、遅刻魔の友人の根底には何があるのだろう。

そもそも「行きたくない」から遅刻するのか、ただ単に逆算ができないだけなのか。

どちらにしても、いつも平気で遅刻する友人は信用できない。

だからといって、遅れてきて平気な顔をする友人にカッとなるのではなく、たまには「来てくれてありがとう」と言ってはみたらどうだろう。

「また怒られるかな」と思っている時の「ありがとう」は、案外効果があるものだ。

怒られても仕方がないのに「ありがとう」を言われると、かえって相手は「悪いことをしたな」と思うもの。遅れて来た友人には「ありがとう。でも次は気を付けてね」のひと言で十分だ。

それでもダメなら、「本当に信頼できる人がどうか」を考えてみるといい。

⊙ ——「怒られる！」が「ありがとう」に変わると抜群の効果を発揮する

第1章
「人は人、自分は自分」で、

自分のイライラ・もやもやが、相手の人にも伝染している

上司でも同僚でも友人でも、その人が現れると急に場の雰囲気が悪くなる時がある。それまでみんなで和気あいあいと仕事をしていたのに、その人が現れただけでみんなが下を向いて仕事をするようになる。

仕事であれば、適度な緊張感は必要だが、過度の緊張はミスを招く元にもなる。

そして、ともすれば「その人」に自分自身がなってしまっている時がある。

いつも穏やかに仕事をしている人が、なぜか自分と仕事をする時は不機嫌になったりイライラしたりする。自然なやり取りがなぜかケンカ口調になってしまう。

こんな時は、相手を責めるのではなく、**「今の自分の心模様」や「自分自身の態度」を顧みることが必要だ。**

「勇気は伝染する」とはアドラーの言葉だが、アドラーは同じく「臆病も伝染する」と考えていた。他人を勇気づけるためには、まず自分が勇気を示すこと。そしてそれ

が相手に伝わることで、相手も勇気を出すことができるのだ。

反対に自分自身が臆病風に吹かれていると、それが相手や周りの人にも伝わり、いくら「勇気を出せ」と言っても誰もが臆病になってしまう。

つまり、**相手が怒っているとか、イライラしている時は、「そうか、自分がイラだっているから、その感情がみんな伝染しているんだ」と考えてみることだ。**

そんな時は、周囲が変わることを期待するのではなく、自分自身がにこやかに余裕をもって仕事をしたり、会話をすることを心がける。そうすることで、相手も周りの人も、心の余裕を取り戻すことができる。

自分がある人を嫌いだと思っていると、それが相手に伝わって相手も嫌な態度を示すようになるように、気分というのは相手や周りの人に伝わりやすいものだ。

良き人間関係を築きたいのなら、「人の気分は伝染しやすく、相手の態度には自分の心の持ちようが表れる」と知っておくといい。

そして、自分が変われば相手も変わることを常に心の片隅に置いておくことだ。

⦿――イライラしている時はひと呼吸置いて、心のゆとりを取り戻す

一日の終わりは、自分で自分に「ありがとう」を言って寝る

若いお母さんたちの悩みの一つが、「誰からも『ありがとう』を言われない」ことだそうだ。子育て中のママさんの多くは家事をしながら、仕事にも精を出していて、まさに寝る暇もないほどの忙しさだ。

しかし、家に帰っても夫は「ありがとう」の一つも言ってくれないし、仕事先の上司やお客さまも「ありがとう」を言ってくれない。

こんな日々が続くと、「自分はいったい何のためにがんばっているんだろう」と虚しくなり、現実から逃げ出したくなるママさんも少なくない。

ママさん以外にも、「自分はこんなにがんばっているのに誰からも『ありがとう』と言ってもらえない。虚しい」と感じている人は、案外多いのではないだろうか。

アドラーによると、**人が勇気を持てるのは、「自分に価値があると思う時だけ」**だ。

誰からも感謝されず、誰も認めてくれないと思うと、「自分の価値」そのものを信じ

られなくなってしまう。

この時に試みたいのが、「**言葉での感謝**」への期待を捨てて、「**心での感謝**」を信じてみることだ。世の中には、自分に近しい人であればあるほど、「ありがとう」を言うのを恥ずかしいと感じる人も多い。

だから、言葉での「ありがとう」はなくとも、周囲のみんながあなたに「ありがとう」と感謝していると信じてみよう。

そのうえで毎日、今日一日がんばった自分をほめてあげることだ。

「今日の私はよくがんばった」と自分で自分に感謝する。一日の終わりに「今日、私ががんばったこと」をノートに書く。最初は「ばかげている」と思うかもしれないが、日々続けていると、がんばっている自分が愛おしくなってくる。

「自分もがんばっているな」と思えるようになると、自分で自分の価値を信じることができるようになるのだ。

◉ ── **自分に「ありがとう」を言えば言うほど、自己肯定感が上がる**

第 1 章
「人は人、自分は自分」で、

アドバイスしたくなった時は、相手にアドバイスをしていいかを確認する

親というものは子どものことが心配で、つい先回りしてあれこれ注意をしたり、お節介をやいてしまいがちだ。

人生の先輩であり、何よりその子の親なのだから、それはごく自然な行為であり当然のことだ。しかし、行き過ぎると子どもから「自分でやろう」という気持ちを奪ったり、反対に「うるさいな」と嫌がられることになってしまう。

アドラーは言う。

「たとえ子どもが病気で特別の注意を必要とする場合ですら、思慮深く子どもの自立心の息の根を止めないようにすべきです」

つまり、子どものためとは言え、親は先回りしてあれこれ注意したり、おぜん立てしたりしないことだ。適度な距離を保ち、子どもの自主性を尊重することだ。

家庭や学校、職場などで受ける注意やアドバイスは、基本的には真剣に耳を傾ける

に値するものが多くある。

そのアドバイスによって、「こうすればいいんだ」「そんなに心配しなくても大丈夫なことなんだ」と思うこともしばしばだ。

しかし、アドバイスの内容やタイミングによっては、それが受ける側にとって適切でないこともある。

ある有名アスリートが「アドバイスは100聞いたうちのほとんどは捨ててしまう」と言っていたが、どんなに優れたアドバイスでも、相手の役に立つのかどうかは相手次第だ。

それは、子どもだけでなく友人・知人、会社の同僚・部下にアドバイスする時にもあてはまる。相手にアドバイスしたくなった時は、**「今、あなたにアドバイスがあるのだけどしてもいい」と確認してみる。**

そこで返事が、「YES」だったら遠慮なくすればいい。そうすることで、あなたのアドバイスが真に生きることになる。

⊙ ── 人は基本的にアドバイスを嫌う生き物。だから確認しよう

第 1 章
「人は人、自分は自分」で、

自慢話の多い人は、つま先立ちをしている子どもと同じ

世の中には、やたらと自慢したがる人がいる。

高学歴だとか、育ちがいいとか、成功している、といったことを話の端々に入れてくる。私たちはそんな人に会うと、何となく「あなたは何か自慢できるものあるの？」と言われているような気がして、嫌になる。

アドラーによると、人は自分が不完全だと感じる時、「等身大」の自分であることに満足せず、「他の人以上」であろうとして、つま先で立つようなことをする。

たとえば、アドラーがある10歳の少年のカウンセリングを行なった時のことだ。

少年は学校の授業中に先生に黒板消しを投げつけては、親や教師から叱られていた。それでも少年はやめようとしなかった。アドラーは、ある時その少年が小柄であることに気づいた。

「君は何歳ですか？」と尋ねると、少年は「10歳」と答えた。

アドラーが「10歳にしては小さくないですか?」と言うと、少年はむっとしてアドラーを睨んだ。そこでアドラーはつま先立ちをしてみせた。

「私を見てごらん。私も40歳にしては小さいでしょう。小さい僕たちは大きいことを証明しなければならない。だから、先生に向かって黒板消しを投げつける。そうじゃないかい?」

やたらと自慢話をしたがる人は、自分を実際より大きく見せようとつま先立ちしている子どもと同じだ。

もし「今の自分」が充実していれば、そんな自慢話などする必要はない。かといって、こうした友人が急に変わることを期待してはいけない。

長い付き合いの友人なら、「自分はこんな風にならないようにしよう」と他山の石にしつつ、「適度な距離」を保って付き合っていけばいい。

人はつま先立ちではなく、健全な努力によってのみ、大きく成長することができる。

● 自慢の多い人は「今の自分」に満足していない証拠

第1章
「人は人、自分は自分」で、ほどよい距離感を保つ

勉強しない子どもに、「勉強しなさい」と言っても効果がない理由

親の「わが子を少しでもいい学校へ入れたい」という気持ちは、いつの時代も変わらない。そして、子どもが勉強が大好きで、成績も良ければ何も言うことはない。

ところが現実には、勉強が嫌いで、勉強なんかしたくないという子どもはたくさんいる。いや、勉強が大好きという子どものほうが、少ないのではないだろうか。

こうした「勉強をしない子ども」へのアドラーの見方は、辛辣《しんらつ》だ。

勉強をするかしないかは、基本的には「子どもの課題」であり、勉強をしないことの結果と責任は、「子ども自身」が引き受けるほかはない、となる。

それを忘れて、「子どもの課題」に親が「勉強しなさい」と土足で踏み込むようなことをすると、両者の関係は悪くなるだけで、子どもはますます親に反発するようになる。

人生の課題に挑戦するためには、勇気が必要だ。こうした課題に失敗を恐れること

なく対処しようとすることが「勇気がある」ということであり、課題に対処することなく避けて通ろうとするのが、「勇気がない」ということになる。

では、こうした勇気を、人はどうすれば手に入れることができるのだろうか。

残念ながらアドラーが言うように、「**勇気をスプーン一杯の薬のように与えること はできない**」し、「やる気」もスプーン一杯の薬のように与えることはできない。

ましてや、「一生懸命に勉強する」という「子どもの課題」に親が解決策を見出すのは難しい。親が干渉し過ぎると、子どもは親を困らせるためにかえって勉強しなくなり、塾をさぼることさえある。

そうならないためには、**親は子どもに過度の期待をかけるのではなく、あくまでも子どもを援助しながら、子どもとの関係を良くするように努めることが大切だ。**

子どもに限らず、良い関係、信頼関係があってこそ、人は他人のアドバイスや援助に耳を傾けることができる。

「勉強しなさい」の前に、子どもと良好な関係を築く。そこに意識を向けよう。

◉ ──「勉強しなさい」の前に、子どもとの関係を良好にしておく

第1章
「人は人、自分は自分」で、

同じ環境で育てても、兄弟・姉妹で頭の良し悪しが違うのはなぜ？

こんな悩みを抱えているお母さんがいた。

子どもは男の子２人で、上の子は小さい頃から勉強が大好き。親が何も言わなくても本を読んだり勉強するため、成績は常に学年トップだった。

一方、下の子は小さい頃からスイミングスクールに通うなどスポーツは好きだったものの、勉強は嫌いで全くやらなかった。かといってスポーツも、本格的に取り組むほど熱心ではなく、高校に入学する頃には、髪を金髪に染めるなど問題行動が目立つようになった。お母さんは、いつもこんな嘆きを口にしていた。

「同じように育てたつもりなのに、どうして上の子はできが良くて、下の子はこんなに苦労ばかりかけるのか。一体、何が間違っていたんだろう」

子どもは、いつも親の思い通りに育つわけではない。アドラーは言う。

「同じ家族の中に生まれた子どもであっても、２人の子どもが同じ状況に育つという

ことはない」

ライフスタイルは遺伝ではなく、一人ひとりが選択するものだ。

そのため、同じ家族の中で育っても、親が同じように育てたつもりでも、子どもは一人ひとり違うライフスタイルを持つことになる。

たとえば、兄弟の順位によってライフスタイルは変わってくるし、第一子か第二子か、男子か女子かによってもライフスタイルは変わる。

人は同じ世界に生きているようで、そのとらえかたは大きく変わるのだ。

それを忘れて、「上の子はこんなに勉強ができるのだから、下の子もできるはず」と過度な期待をかけてしまうと、かえって子どもは反発するようになる。

アドラーが言うように、「どう生きるか」は「子ども自身の課題」であり、「親の課題」ではない。だから、子どもに「こうあって欲しい」という過度な期待をかけるのはやめにする。子ども自身が「自分の課題」に真摯に向き合うことができるように援助することが、親の真の役割なのだ。

◉ ── **ライフスタイルは兄弟、姉妹でも異なっているのは当たり前**

第1章
「人は人、自分は自分」で、

甘え過ぎる子どもの頼みは、きっぱり断る

今の時代、近くに自分たちの子ども夫婦が住んでいて、子育てで助けを求められるとすぐヘルプに行ってしまうという親は少なくない。

もちろん親だから、「子どもが困っているのなら」と多少の無理をしてでも助けたくなる気持ちはわかる。

ただ、それはあくまで親の「好意」であり、「善意」からの援助である。

それを忘れて「今回は助けてくれなかった」「いつもは助けてくれるのに何で?」と子どもたちのほうが思うようになると、せっかくの行為が仇《あだ》になる。

アドラーによると、子どもは親の過剰な庇護《ひご》の中で甘やかされると、「自分でやろう」という気持ちが失せてしまう。

だから親は、「たとえ子どもが病気で特別の注意を必要とする場合ですら、思慮深く子どもの自立心の生きの根を止めないようにすべきです」ということだ。

アドラーは、人は一人で生きているのではなく、他者とのかかわりの中で生きていること、他者を敵ではなく仲間とみなす「共同体感覚」が何より大切だと言う。

つまり、子どもからの依頼に多少無理をしてでも応えようとする親は、高い共同体感覚の持ち主であり、子どもたちのためにできることはやろうという人たちだ。

一方、子ども側が「いつもは子どもを預かってくれるのに、都合が悪いからと断るのはひどい」と不満を口にするようなら、親の持つ共同体感覚への甘えであり過度の依存と言える。

こうした子どもに限って、自分の頼みは「誰もがやってくれて当たり前」と思いつつ、人からの頼みに関しては冷淡だったりする。

まずは、**「困ったらいつでも親に」という過度の依存をさせないことだ。親に頼まなくても、自分たちでできることはやらせるようにする。**

親は子どもたちが精一杯がんばっている様子を見て、「困ったらいつでも助けるからがんばって」という姿勢を持ち続けることが大切だ。

⊙ 親に過度依存させることは、子どもの成長を阻害する

第 1 章
「人は人、自分は自分」で、

子どもは、適切な訓練をすれば、他の子ができることなら何でもできるようになる

親とは、どうしても自分の子と同い年の子を比べて一喜一憂してしまう生き物だ。「うちの子のほうがいろいろなことができる」と喜ぶ時もあれば、「うちの子はよその子に比べて成長が遅れている」と悩む時もある。

中には、それが行き過ぎて、「私の子育てが悪かったから？」とか、「うちの子はダメなの？」と悩みすぎる親もいる。

ある幼児教育の専門家から聞いた話だが、一時期、2人の息子さんのうち次男の「百ます計算」が遅いことに悩んだことがあるという。

長男は早い時期に「百ます計算」を1分でできるようになったが、次男は長男と同じ年になっても、なかなか2分を切れなかった。

最初は「自分の教え方が悪いのか？」「この子のできが悪いのか？」と悩んでいたが、ある日、次男は本来左利きのところ、文字を書く時は右手に直そうと右手で字を書か

せていることを思い出した。

そこで、「1から100までの数字を雑でいいから右手で60秒で書けるようにして」と伝えたところ、しばらくして数字だけなら60秒で書けるようになった。

やがて、「数字を60秒で書けるんだから、計算も60秒を切れるよ」と伝えたところ、あっという間に1分以内でできるようになったという。

原因は「子育てが悪かったから」ではなく、「子どものできが悪かった」わけでもなく、**「字を書く訓練」が不足していただけだった。**

アドラーによると、**人間は「適切な訓練が続けられれば、他の人ができることは何でも成し遂げられるようになる」という。**

子どもに期待し過ぎると、他の子どもと比較してあれこれ悩むことになるが、「上手くいかないのは、どこに問題があるのか?」と冷静な目で「わが子」を見つめれば、解決すべき問題や解決法が見えてくる。それらを子どもと一緒に解決していけば、子どもはアドラーが言うように「遠くまで行く」ことができる。

わが子を他の子と比べて一喜一憂しない

どんなに不安でも、子どもの就職活動には口出ししない

親の価値観と子どもの価値観が大きく食い違いがちなのは、子どもが進学先を選ぶ時と、就職活動を行う時だ。

たとえば親と子の間に、25年、30年の開きがあるとすれば、子が就職活動をする際は時代背景も違うし、活動のやり方なども大きく異なっている。

自分たちの時代と子どもたちの時代が大きく違うことは、人気企業ランキングを見てもすぐわかる。

かつての人気企業は合併などによって社名が変わり、既に存在しない企業さえある。あるいは、今から30年前にはアマゾンもグーグルも存在しなかったことを考えれば、自分たちの常識が通じないのはすぐにわかりそうなものだ。

未来を完全に予測することができない以上、親はアドラーが言うように「子どもの自立心の息の根を止めない」よう、**子どもへの過剰な期待をやめ、時折人生の経験者**

としてアドバイスをするだけでいいのだ。

一方、子どものほうも、コネなど親に何かを期待し過ぎると、「選択の後悔」を「親の責任」に転嫁するようになってしまう。

アドラーは、親は子どもの課題に関与することはできないし、子どもは親の庇護《ひご》の下で生きていくことはできない、とはっきり言っている。

ただし、「なぜその業界なのか?」「なぜその企業なのか?」については、可能な限りしっかりと説明してもらった方がいい。

就職活動は人生について「考える」最も良い機会なのだから、周りの意見も聞きながら、最後は学生本人が「自分で決める」ことが何より大切なのである。

親が口出ししすぎると、子どもは「親のせい」にするから注意

付き合う相手は、「好きなもの」より「嫌いなもの」が一致するかで選ぶ

ある機関が、交際しているカップルについて、「好きなものが同じ」と「嫌いなものが同じ」のどちらが長続きするか調査したところ、どちらかと言えば「嫌いなものが同じ」相手のほうが長続きしやすいという結果が出た。

確かに「好きなものが同じ」は、出会いのきっかけとしてはうまくいきやすい。同じ映画を見て感動するとか、同じアーティストが好きという場合、互いに意気投合するポイントが同じで、会話も弾みやすいからだ。

ところが、「好きなものが同じ」のカップルは、ある時期を過ぎるとお互いのことをわかり過ぎて「あきることがある」というのが面白いところだ。

一方、「嫌いなものが同じ」は会話のとっかかりにはなりづらいし、会話のネタにもなりにくい。ただ、「嫌いなものが同じ」だとストレスは減りそうだ。

たとえば、自分が嫌いな食べ物が相手の大好物だとストレスになるし、映画や音楽

も、自分が嫌いなものを相手が好きだと話が噛み合わない。

さらに「好きなもの」は時間が経てば変わることもあるが、「嫌いなもの」は、時間が経っても好きにはなりにくい。そのため、カップルが長続きするのは「嫌いなものが同じ」ほうであり、結婚をしてもそのほうが、長続きするというのだ。

交際にしろ、結婚にしろ、お互いが長くやっていくために、アドラーは「**2人が対等の精神で問題に対処して初めて、適切に成し遂げる**」ことができると言う。

どちらか一方が、「自分が正しい」「自分に従え」では、関係が長く続くはずはない。

2人の関係がうまくいくかどうかは、2人の課題である。

いつもいつも、自分の好みを主張するのではなく、時に相手に合わせたり、2人で課題に対処することで初めて、2人の関係は成立することになる。

○── **嫌いなものが同じだと、互いのストレスは減る**

第1章
「人は人、自分は自分」で、

夫婦関係は、互いが「協力する能力を磨くこと」でうまくいく

今の時代、専業主婦は減り、共働きの夫婦が増えている。

しかし、子育てや家事を妻に任せきりにして、協力的ではないと非難される夫は、いまだに少なくない。

一方、夫は夫なりに協力しているつもりだけに、両者が歩み寄るのは難しい。

人間は一人で生きていくには弱い存在だが、分業や協力を通してみんなで力を合わせることで社会的発展を可能にしているというのが、アドラーの考え方だ。

アドラーによるとドイツでは、カップルが結婚に対する準備ができているかどうかを知るために、2人に取っ手が両端についたのこぎりを渡して一緒に木を切る作業をするという伝統儀式があるという。

うまく木を切るためには、一方が力を入れてのこぎりを引くのではなく、二人で協力してタイミングや力の入れ具合のバランスを取ることでそれが可能になる。

協力する力も、鍛えることで身に付く

2人がどのように作業に取り組むかを見れば、2人が結婚に適しているかどうかがわかるという。

こうした協力する能力についてアドラーは、「学ばなければならない」ということを強調している。

「われわれは地理を教えられなかった子どもが地理の試験で高得点を取ることを期待しない。同様に協力する訓練を受けたことがない子どもが協力を必要とする課題が前に置かれた時に、適切にそれに応じることを期待することはできない」

人生の課題の多くは、解決のために「協力する能力」を必要とする。

だからこそ協力する能力は教え、訓練し、そして鍛えることが必要になる。

だとすれば、子育てに協力的でない夫に対して、期待し過ぎるのはやめよう。

その代わり、少しずつ協力する能力を身に付けていけば、「満足度100%」とまではいかないまでも、「50%」か「60%」くらいにはなるかもしれない。

人はいつからでも、学び成長していくことができるのだから。

第1章
「人は人、自分は自分」で、
ほどよい距離感を保つ

認知症の親の面倒は、「生きてくれているだけでいい」と感謝して手放す

「人生100年時代」と言われる。

親にはいつまでも元気で健康でいて欲しい。しかし、認知症が進んで子どもの顔がわからなくなった親の姿は見たくないというのが子どもとしての本音だろう。

果たして私たちは、親の面倒をどれくらいまで見る必要があるのだろうか。

どんなに元気な人も、年齢を重ねれば足腰も弱るし、耳や目も衰える。程度の差こそあれ食事をしたことを忘れたり、ものがなくなったと騒いだり、時には声を荒らげることもある。そんな親と一緒に暮らしていると、子どものほうも苛立ったり、情けなくなったり、つい大声を出してしまうこともある。

子どもとの付き合い方も難しいが、年老いた親との付き合い方はさらに難しい。

年老いた親に子どもができること、**それは「生きていてくれるだけでいいんだよ」という感謝の気持ちを持ちながら、変に腹を立てたり、動揺したりせず、できる限り**

一緒に「いい時間」を過ごしていくことだ。

親に対する思いはさまざまだ。甘やかされ過ぎたことで自立するのが遅くなった人もいれば、あまりに突き放され過ぎたことで「もう少し支援してくれたら違う人生があったのに」という思いを抱く人もいるだろう。それでも大切なのは、アドラーが言うように、**「みんな仲間」であり「お互いを対等の人格として認め合う」ことだ。**

それを忘れて、親のさまざまな不始末に対して、怒ったり怒鳴ったりしてしまえば、「怒りはお互いの関係を遠ざける」だけになる。

認知症の親は、自分が言ったことや、やったことはすぐに忘れるが、「怒鳴られた」「叱られた」という「嫌な思い」だけはずっと残している。これでは良い関係を築くのは難しい。

認知症の親に、何かを期待するのは間違っている。親に対して感謝すべきことはたくさんあるはずだ。だとすれば、「生きてくれているだけでいい」という思いで人に任せること。それが何より大切だ。

自分をすり減らして、面倒を見ることが親孝行ではない

第2章

会社や上司の期待に応えようとし過ぎて、自分をすり減らさない

上司が自分を評価してくれない時の考え方

サラリーマンにとって、気になることの一つが、「上司からの評価」だ。

自分がどんなにがんばっても、上司が評価してくれなければ給与は上がらず、昇進も期待できないのだから、気になるのは当然のことだ。

しかし、上司の評価を期待し過ぎると、がっかりすることも少なくない。

後に伊藤忠商事の社長となった丹羽宇一郎さんは、入社直後は伝票の整理やそろばん、テレックス打ちといった「下働き」ばかりやらされた。

「なんでこんなつまらない仕事ばかり」と嫌になったものの、自分なりに仕事を要領よくすませ、日々勉強も怠らなかった。「自分はよくやっている」が、丹羽さんの自己評価だった。

ところがある日、先輩に呼び出されてこっぴどく叱られた。

理由は、「お前は自分でよくやっていると思っているだろうが、そんなのは人の目から見たらまったく違う。自分で自分を評価するな」という手厳しいものだった。

アドラーによると、他人に依存したり期待してばかりの人は、人生の課題を解決するのが難しくなってしまう。大切なのは、**他人が協力的かどうか、評価してくれるかどうかではなく、「あなた自身が何を考えどう動くか」である。**

以来、丹羽さんは「だったら無茶苦茶に仕事をやってやろうじゃないか」と思うようになり、そこから大きく変わっていったという。

ほとんどのビジネスパーソンは、上司の評価に対して、「自分はこんなにやっているのに」という不満を持つ。

ただ、「何でこんなに評価が低いんだ」と文句を言っている暇があったら、自分でも驚くぐらいがんばってみることだ。

自分が100点と思う時、他人がつけるのはせいぜい70、80点だ。でも、「あいつはがんばっているな」「あいつはできるな」と思われるようになれば、自分が100点かなと思った時、周りは150点くらいの評価をしてくれるようになる。

がむしゃらに行動してみると、評価は後からついてくる

「いいね、でもね」を連発する上司は、問題解決力のない上司

スタンフォード大学では、授業で数名ずつグループをつくり、次のような寸劇をやっているそうだ。

誰かが「今週末にパーティーをやろう」と提案し、他のメンバーが「料理はこうしよう」「飲み物はこうだ」と呼びかけると、リーダーは「いいね」「嫌だ」「いいね、でもね」のどれかを言い続ける、というものだ。

この3つのパターンの中で、最も盛り上がるのはリーダーが「いいね」を言い続けることだが、最もイライラするのが「いいね、でもね」だという。

リーダーからハッキリ「嫌だ」と言われれば、それに対してメンバーは代案を考えられる。しかし、「いいね、でもね」を続けられると、リーダーの意図がわからなくなりイライラするのだという。

仕事でも同じだ。たとえば、部署の業績が振るわず、その打開策について話し合っ

ているはずなのに、上司がすべて「いいね、でも……」で返すとどうなるか。

「いいね、でもね、それを会社が許すとは思えないんだよ」

「いいね、でもね、やってみて失敗したら大変なことになるよ」

これではどんなに良いアイデアを出したとしても、みんなでがんばって数字を伸ばそうという気持ちになれるはずはない。

その上司の根底にあるのは、「やりたくない」「できるはずがない」という気持ちであり、そのため、「いいね、でもね」はやらないための言い訳となる。アドラーは言う。

「『はい、でも』と言う時は、結局、課題に取り組む気がない」

しかし、考えてみてほしい。**いくら上手に言い訳をしたところで、目の前にある問題が解決するわけではない。だとしたら、言い訳を考える頭で、「どうすればできるか」を考える方がはるかに有益だ。**課題を前にして、みんなのアイデアに「いいね、でもね」を繰り返す上司には、期待しない方がいい。

それよりも、「今の自分」「今の自分たち」にできることに全力を尽くすことだ。

◉——上司に期待せず、自分にできることに集中する

ウマの合わない相手とは、排除ではなく距離をおく

人には相性というものがある。ウマが合うというか、相性の合う相手とは話をしていても楽しいし、仕事もスムーズに進む。一方、相性の合わない相手と一緒にいても楽しくないし、仕事もなかなか進まない。

たとえウマが合わなくても、たまにしか会わない相手ならやり過ごすこともできるが、同じ職場の同じチームだったりすると「アイツは嫌いだ」では済まされない。

良きチームの条件は、「誰の下で働くか」以上に「誰と働くか」が重要で、互いに信頼関係が欠けていたり、一緒にいて楽しくない人間がメンバーにいると、そのチームの生産性は極端に低くなりやすい。

とはいえ、一緒に働く人間を選り好みできないのが会社だ。

第一次南極越冬隊の隊長としてメンバーを束ねることになった西堀栄三郎さんは、「チームとは一人ひとり個性の違った人間が集まってこそつくられるものだ」として、

当初は気に入らなかったメンバーもどこかいいところがあるはず、と考えるようにした。

すると、何かと目についた欠点が、自分たちに足りないものを補ってくれる長所に見えてきて、結果、長期に渡る越冬を乗り切ることができたという。

アドラーによると、**「人は対等」であり、「一緒に仲良くしたいのなら、互いを対等の人格として扱う」ことが不可欠だ。自分とウマが合わないからと排除するのではなく、どこか良い点がないかと考えてみる。**そうすれば、「嫌だなあ」と感じていたところも、自分にとって頼れる個性に見えてくるかもしれない。

それでもダメなら、適度な距離を保つようにすればいい。人間にはそれぞれほどよい距離感があるものだ。すべての人に対して、等距離で付き合う必要はない。

まずは「嫌な相手」の「悪い点」ばかりを見るのではなく、「欠点を長所と読み替えられないか」と考えてみる。それでもダメなら、ほどよい距離を保ちながら付き合ってみると、そこに良い関係が生まれることもある。

すべての人と等距離で付き合う必要はない

苦しい時こそ、積極的に休みをとる

自部署の業績が悪い時、多くの人は挽回したい一心で、残業もすれば休日出勤もいとわず働く。

後にある会社の社長となるAさんも、30代の頃に赤字部門を任されて悪戦苦闘した。部下たちが懸命に働いてくれたものの赤字脱却の目途は立たず、部署がなくなるかもしれないというところまで追いつめられた時、Aさんの先輩がこんな言葉をかけてきた。

「君らが一生懸命働きすぎるからダメなんじゃないか。いっそのこと残業なんかやめたらどうだ」

懸命にがんばっているのにそんなことを言われ、その時は反発してしまったAさんだったが、部下の一人が「ひょっとして頭をリフレッシュしろということじゃないですか」と言い出し考えた。そして、どうせ赤字なんだからと残業や休日出勤をやめてみた。すると、「なぜ売れないのか?」「なぜいい製品がつくれないのか?」を冷静に考えられるようになり、良いアイデアが浮かぶようになってきた。やがてヒット商品をつくれるようになり、赤字を脱却することができたという。

人はあまりに思い詰めてしまうと気持ちの余裕を失い、いいアイデアも解決策も思いつかなくなってしまう。であれば、アドラーが言うところの「楽観主義者」になってみることだ。

「楽観主義者」の特徴は、①失敗してもやり直せばいいと冷静でいられる②失敗しても自信を持ち続ける③真剣に課題に取り組むが深刻にはならない、である。

つまり、楽観主義者はどんなに苦しくても冷静に心に余裕を持って物事に臨むことができるのだ。苦境にある時、楽観主義者となって自分を追いつめるのはやめる。

苦境を脱する答えは、自分や自分たちの中にあると信じて冷静に対処する。

疲れたら休み、辛くなったらその場所から少しだけ離れればいい。場所が変わり、気分が変わると、物事を違う角度から見ることができる。

苦境を脱するには、楽観的かつ心の余裕を持つこと

人生の貧乏くじを引いた時は「成長のチャンスだ」と捉える

厄介事ばかり頼まれる人がいる。なぜか面倒なお客様の相手をさせられたり、赤字部門の立て直しに行かされる。

一方、巡りあわせの悪い人もいる。それまで好調だった部門が、その人が配属になった途端、業績が悪化して大変な苦労を強いられる。

こうなるとつい、「自分は何てツイていないんだ」とか「自分ばかり貧乏くじをひかされて…」という恨み言の一つも出てくる。そんな時に頭に入れておくと役に立つのが、ある経営コンサルタントのセミナーであった次のエピソードだ。

さまざまな業種の店長さんたちが集まる場で、店長さんたちに自分の成長グラフを描いてもらった。同時に、その店長さんが所属する会社の経営者にも店長さんの成長グラフを描いてもらった。

すると、両者の書いたグラフはほとんど真逆になってしまったという。

店長さんが描くグラフは成長曲線というより、自分のモチベーションをグラフ化したものがほとんどで、売上げの低迷期や人がやめた時に成長グラフが下降していた。一方経営者は、「大変な時に店長は成長した」と成長グラフを上げていた。

つまり、人は何か大変なことがあると、「何でこんな辛い目に」と思ってしまいがちだが、実はそれを乗り越えることで大きく成長しているということだ。

辛い時期に経験したことは決してムダにならず、その人を成長させる大きな糧となる。

アドラーによると、甘やかされて育った子どもは、人生の課題に対処する力が身につかないのに対し、困難と格闘しながら成長した人は、人生のどんな課題とも対処できるし、乗り越えることができる。

辛い状況に置かれたなら、「自分は今、試されているんだ」「自分は今、成長のチャンスをもらったんだ」と信じてみることだ。会社が自分に期待しているからこその困難と考える。そうすればきっと乗り越えられるし、成長もできる。

貧乏くじは、自分に成長をもたらす大当たりくじに変わる

仕事で肩に力が入り過ぎた時は、遠慮せず人に頼る

能力があり、自分に自信のある人が陥りやすいのが、「周りの人間は誰も頼りにならないから自分ががんばらなきゃ」と張り切り過ぎてしまうことだ。

後にある大企業の社長になったAさんは、管理職になったばかりの頃、問題を一人で抱え込んで大いに苦しんだことがある。抜擢されて管理職になったがゆえに、「自分が会社を担う」と力を入れ過ぎてしまったのである。

そのため周囲と歯車がかみ合わなくなり、がんばりが空回りするようになった。やがて実績と自信がプレッシャーとなり、体調まで崩してしまった。

そんな時、一人の先輩から、こう諭された。

「肩の荷は分かち合うものだよ。そうすることで仕事の内容や幅がもっと大きくなるから」

謙虚になって周囲を見渡せば、いろいろな能力を持った上司や先輩、同僚や部下が

いた。にもかかわらず、自分一人ですべてを引き受けよう、弱音は吐けないと気負っていた。以来、Aさんは問題を分割して考えるようになった。

「この問題なら彼に頼めばいい。こっちの問題はあの人に相談してみよう」

そうやって分かち合うと、周囲はいくらでも力を貸してくれた。

人は決して完璧ではない。人はみなそれぞれに不完全で弱く、一人では困難に立ち向かうことができない。だからこそ孤立した個人としてではなく、社会の中で生きるように仕向けられている、というのがアドラーの考え方だ。

「孤立した状態で生きているのであれば、能力が劣っていることになるかもしれない人も、正しく組織された社会では、その不足を補償することができる」

Aさんはこの経験を通して、仕事はチームプレーだということにあらためて気づいた。どんなスタープレーヤーもたった一人で敵陣突破はできないし、仮にできたとしても長くは続かない。みんなの力を借りながら前に進めば、足取りはぐっと軽くなるし、肩の荷だって軽くなる。人は一人では生きられない。

問題は一人で抱え込むのではなく、みなで分かち合う

「ダメな上司」を、自分が仕事をしない言い訳にしない

世の中にはさまざまな人がいる。さまざまな上司がいる。

「何ていい上司なんだろう」「この人は尊敬に値する」と思える人がいる一方で、「会社の悪口ばかり言う」「息を吸うが如く部下の悪口を言っている」という上司もいる。

あるいは、上にはやたら腰が低いのに、部下に対しては威圧的な態度をとる、部下を好き嫌いで判断する、部下の手柄を自分のものにしてしまうといった上司もいて、そんな時は上司が心底嫌いになってしまう。

こんな時、つい「早く上司が代わらないかなあ」「どこかの部署に異動したいなあ」などと思ってしまうが、そうそう願いが叶うはずもない。

言うまでもないが「上司が心変わりしていい上司にならないかなあ」などと期待する人がいたら、今すぐ考えを改めたほうがいい。自分と未来は変えられるが、他人と過去は変えられないのだ。

こんな時に、頭に入れておきたいのがアドラーの「**あなたが始めるべきだ。他の人が協力的であるかどうかなど考えることなく**」という言葉だ。

アドラーによると、「**この世界は私の世界**」であり、「**待ったり期待しないで、私が行動し、つくり出さなければならない**」ものだ。

「上司がダメだから」「上司が尊敬できないから」は、「何もしない」とか「いい加減な仕事をする」言い訳にはならない。

ダメな上司は、「自分は絶対にこんな上司にはならないでおこう」と「反面教師」にして、「今の自分」にできることに最善を尽くすことだ。

世の中にはいろんな人がいる。相性が合う合わないもあれば、いい人も嫌な人もいる。

尊敬できる人から学び、尊敬できない人も反面教師として学びの対象にする。そうすれば、嫌な上司とも付き合うことができる。

ダメ上司は、反面教師として学びの対象とする

人前で叱られた時は、別室でその上司に失敗の理由を聞いてもらう

部下にとって最も嫌なことの一つが、上司から叱られることだ。

上司の中には、チーム全体に活を入れるために、できのいい部下をあえてみんなの前で叱る人もいれば、個室などで一対一で注意をする人もいる。

いずれにしろ、上司から叱られるというのは気分のいいものではない。

とりわけ、みんなのいる前でこっぴどく叱られた時は落ち込むし、「みんなのいる前であんなことを言わなくても」と嫌な気持ちになってしまう。アドラーが言うように、「非難され罰せられることが予期される場所を好きな人は誰もいない」。

そう考えると、みんなの前でこっぴどく叱られるというのは、いたく自尊心を傷つけられる行為であり、許せない気持ちになってしまう。

ただ気を付けたいのは、みんなの前で叱られっぱなしなのは恥ずかしすぎるとばかりに強い口調で反論したり、泣き出したり、逃げ出したりといった感情的な行為に出

ないことだ。そんなことをしても、ますます上司の怒りに油を注ぐだけ。上司が強い口調で叱っている時は、静かに反省の態度を示すことだ。

そうすればやがて嵐はおさまり、上司も冷静さを取り戻すことになる。

そこで初めて冷静に話ができるようになるわけだが、その時も弁解や言い訳から入るのではなく、「失敗をどうやって挽回するか」を考えた上で機会を見て話すのがいい。

人によっては、「それよりも人のいないところで叱るのが筋だろう」と思う人もいるかもしれない。しかし上司も人の子。時には、感情に任せて怒ってしまうこともある。だからこそ、上司に「**こういう叱り方を」と求めるのではなく、「叱られた後どうするか」を考えることだ。**

叱られた後、別室で失敗の理由と今後の対策をきちんと説明できれば、上司との関係は十分修復可能なのだから。

叱られた時は「失敗をどう挽回するか」を上司と話し合う

大きな失敗を犯しても、自分を決して過小評価するな

仕事上の失敗が原因で左遷された、事業に失敗し大きな借金を抱えてしまった、パートナーとうまく行かず離婚を余儀なくされた……。

仕事や人生に失敗や挫折はつきものだ。そして、大きな失敗や挫折であればあるほど立ち直るのに時間がかかる。

しかし、あまりに落ち込む時間が長いと、それはそれでもったいない。

アドラーは、人生の早い時期に失望と挫折をいかに克服するかを学ぶことが重要だと考えていた。アドラーは言う。

「困難と格闘することなしに成長することはできない」

たとえば、甘やかされて育った子どもは、人生の課題に対処する力が身についていないため、大人になってからも困難と格闘することができない。

一方、**早いうちに失望や挫折を経験して、それを克服した経験を持つ子どもは、大**

人になってからも困難を前に、決してあきらめることなく格闘することができる。

最近は企業でも、いったん本体をはずれて子会社や他社の再建などで力を発揮した人が、本体に呼び戻されて経営を担うケースも増えている。

順調にエリートコースを歩んだ人よりも、外の飯を食い、さまざまな苦労を経験した人のほうが変化に柔軟に対応できるため、次世代の経営者として期待できるということなのだ。

失敗したからといって、「もう追いつけるはずがない」「もう出世なんかできない」と弱気になると、人間はあっという間に負のスパイラルに陥ってしまう。アドラーによると、「最も大きな困難は自分を過小評価する」ことにある。

今は遅れたとしても、その後のがんばりや努力次第で人はいくらでも挽回できるし、追いつくこともできる。

自分を過小評価することなく、目の前の困難と向き合い格闘し続ける。そうすればたいていの困難は克服できるし、遅れを挽回することもできる。

挫折や冷や飯食いの経験が生きる時は必ずくる

人をうらやましく思った時は、「自分はできる」と信じるチャンス

懸命にがんばったにもかかわらず、同期が先に出世することがある。

そんな時、つい「どうしてあいつばかりが」「あいつのヒットなんて偶然なのに」「あいつの部署は今勢いがあるけれど、自分の部署なんて落ち目なんだから……」などと妬みやあきらめの気持ちが湧いてくる。

ただ、劣等感や虚栄心が強すぎると、他の人の成功を「あんなのはただのラッキーだ」とけなすことで自分を慰めたり、優越感に浸ろうとしてしまうので注意が必要だ。

アドラーによると、こうした極端な批評の裏には強い劣等感が隠れているという。

誰かを悪く言ったところで自分の価値は上がらない。

そんなことをしたところで「つまらない奴」と評価を下げるだけなのだから、批評する側に立つのではなく、自ら努力して何かをつかみとる側に回ることが何より大切なのだ。

それでもやはり周りの人たちが成果を上げている時に、自分一人が成果を上げられないと、どうしても自分を過小評価するようになる。

「自分は能力がないんじゃないか」「みんなには追いつけないかもしれない」という負のスパイラルに陥ってしまいがちだ。

そうならないためには、アドラーが言うように**「自分を過小評価して、もう追いつくことはできないと思いこむのではなく、追いつけると信じる」ことが大切なのだ。**

ただし、偶然の僥倖《ぎょうこう》に期待するのは避けること。たとえば、上司が注意深くあなたを見ていて、急にあなたを引き上げてくれるなどということは起こらない。

どんな時も自分を過小評価することなく、「きっと追いつける」と信じてみよう。そうすれば人は、「今よりも遠くに行ける」というのがアドラーの言葉である。

人をどんなに批評しても、自分の価値は上がらないことを知っておく

できない社員ほど、「できない言い訳」を見つけるのがうまい

企業に勤めていると、時折、「うちの会社がもう少し〜だったら」と他社をうらやましく思うことがある。

たとえば、自社製品の売り込みがうまくいかず、大手ライバル会社に商談で負けた時は、「うちの製品がもうちょっと良ければなあ」「もっと安ければなあ」「もっと宣伝に力を入れてくれればなあ」と、愚痴とも不満ともつかぬ言葉が出る。

たしかに知名度のある大手企業を見ていると、社名は誰もが知っているし、有名タレントによるCMが流れていて、「すごいなあ、うらやましいなあ」と感じることはある。しかし、これが本当に自社製品の売れない理由なのだろうか。

ある中堅企業Aが、外部のコンサルタントを使ってお客様に「なぜA社との商談がうまいかなかったのか?」を尋ねたところ、「知名度」や「価格」「強力なライバルの存在」といったことではなく、「時間に遅れるなど信用できない」「提案が的外れ」「きち

んと話を聞こうとしない」などが真の理由だったそうだ。

アドラーは言う。

「大切なのは何が与えられているかではなく、与えられているものをどう使うかである」

もし知名度や企業の規模だけで商談が決まるのなら、営業社員の出る幕はない。

できない営業社員ほど、「自社には●●がないから」と「売れない理由」ばかりを見つけたがる。一方、できる営業社員は自分に与えられたもの、自分にできることをフルに活かして戦おうとする。

大切なのは、会社に過度の期待をすることではなく、自分のできること、つまり与えられた条件の中で精一杯戦うことだ。

「もっとこうしてほしい」というのは、自分が精一杯やった後で言うことだ。

◎――不平不満を言う前に、与えられた条件で精一杯やってみる

昇進昇格したら、今までの成功体験をすべてリセットする

今の時代は、「マネジャー受難の時代」と言われている。

「昇進」も、「偉くなってもいいことはないから」と望まない若者が増えている。

たしかに今のマネジャーはとても忙しい。多くの部下を抱え、彼らをまとめながら成果をあげ、しかも、プレイヤーとしての役割も求められるだけに、業務もマネジメントも同時にこなせないとつとまらないのだ。

とはいえ、企業で働いていればやはり管理職への昇進は嬉しいものだ。

ところが現実には、昇進し新しい仕事を任された「有能なはずの人」が昇進後に期待通りの成果を上げることができず、ダメ烙印を押されることも少なくない。

ある部署やある仕事で10年、15年と成果をあげた「有能なはずの人」が、なぜ昇進して「期待外れ」になるのだろうか？　理由はいくつかあるが、最もぴったりくるのがドラッカーの言う「**成功してきたのと同じ貢献を続けていたのでは、失敗する**」と

いう指摘である。昇進した人は過去の成功体験があるだけに、新しい任務に就いても、以前と同じ仕事のやり方をしてしまう。

「名選手必ずしも名監督ならず」という言葉があるが、どんな有能なプレイヤーも「新しい任務として何が求められているのか？」「そのために何をすべきか？」をきちんと理解し、変わることができなければ、有能なマネジャーになることはない。

こうした時は、アドラーの言う「ライフスタイルや人生戦略の変更」が重要だ。時代や環境が変われば、それまでうまくいっていたライフスタイルや人生戦略も通用しなくなる。そんな時には、生き方や考え方を変えることが欠かせない。

昇進して成果が上がらない時、「あいつに管理職は無理だった」といった周りの言葉を気にする必要はない。

ただし、「過去の成功した自分」に期待するのもやめにする。「今の自分に必要なことは何か？」を問い、新しいやり方や考え方を学び、「新しい自分」をつくり上げていけばいい。そうすれば名プレイヤーは名マネジャーへと変身することができる。

⦿ 新しいやり方や考え方を学び、「新しい自分」をつくり上げる

「最初に言ってくれれば……」と思った時は、甘えのサイン

他人のせいで仕事を失敗するのは、誰しも嫌なものだ。

とりわけそれが上司や先輩のせいだったとしたら、もっときちんと教えてほしかったという恨み節の一つも言いたくなる。かといって、手取り足取り教えてもらうことがいいことなのかというと、それもまた違う。

アドラーはこのように話している。

「母親があまりに度を越して子どもを甘やかし、態度、思考、行為、さらには言葉において協力すると、子どもはすぐに『パラサイト』になり、あらゆることを他の人から期待するようになる」

甘やかされて育った子どもは、常に自分が中心であることを望み、自分自身は何の貢献をしないにもかかわらず、周囲が自分のために尽くしてくれることを望むようになる。こうした環境で育てば、アドラーが生きる上で必要と考える共同体感覚や協力

する力が身につくはずもない。結果、たくさんの難関に出合うことになる。

実際、甘やかすことの弊害は多い。そして多くの人がこうした弊害を知っているはずなのだが、なぜか今も甘やかしが止むことはない。

今の時代、子どもの虐待など悲劇的な事件も多いが、一方で就職活動や婚活にまで親が深く関わるなど行き過ぎた甘やかしも目につくところだ。アドラーは言う。

「誰もが直感によって甘やかしを正しい発達にとっての負担と妨げであると感じている。それにもかかわらず、誰もが甘やかしの対象となることを好む。多くの母親は甘やかす以外に何もできない」

もしあなたが上司や先輩に、「なぜもっと丁寧に教えてくれないのか」「最初に言ってくれれば失敗しないですんだのに」と思ったとしたら、要注意だ。

上司や先輩も、部下を失敗させるのは怖い。だからすべてを指示したい。しかし**あえて「自分で考えさせるために」教えないこともある。**

甘えを許さないこと。それこそが、あなたに対する上司の真の期待の表れなのだ。

上司や先輩に甘えない

部下が失敗や悪い報告に来た時は、「報告してくれてありがとう」

誰かが失敗した時、怒りに任せて叱りつける人がいる。たいていは上司、親、教師など立場が上の人間だが、こうした人たちが感情的に怒るのは、とてもよくない。怒りが建設的な関係をもたらすことは、決してないからだ。アドラーは言う。

「怒りの感情は人と人を引き離す感情である」

怒って叱りつけることは、人と人の関係を悪くして距離を遠くする。

もし子どもや部下に対して適切な援助をしたいのなら、両者の関係が近くないと難しい。怒っている人を、仲間とみなすのは難しいからだ。

たとえば、もともと優秀な営業社員だったAさんは、部下が失敗の報告にくる度に、「何をやっているんだ」と怒鳴りつけていた。ただ、こうした時、相手を追い詰めて勝とうとしてはいけない。負けた相手は復讐を考えるか、「もうこんな会社にはいられない」と逃げてしまうからだ。

アドラーによると、ライフスタイルを叱責で変えるのは難しい。まずは「いい関係」をつくることがポイントで、いい関係ができていればこそ、相手は何を言われても、それを受け入れようとするし、素直に聞こうとするのだ。

部下との距離がすっかり遠くなってしまったAさんは、ある人のアドバイスを受け入れて、部下が失敗や悪い報告に来ても「報告してくれてありがとう」と感謝の言葉をかけるようになった。その後、「なぜうまくいかなかったのか、次はどうすればうまくいくのか」を一緒になって考えることにした。

頭ごなしに叱るのではなく、「一緒に考える」姿勢を打ち出したことでチームの雰囲気は変わり、みんながやる気にあふれるようになった。

アドラーが言うように、役職の違いはあっても、あらゆる関係は対等であるという前提で部下や子どもと接するからこそ、相手は素直に聞くことができる。

部下や子どもの失敗の多くは、経験や知識の不足からくるものだ。その点を指摘しながら、成長を助けていけばいいのだ。

いい関係を築いていれば、部下は素直に受け入れる

できない部下の存在を嘆いている暇があったら、どう活かすかを考えなさい

マネジャーの役目は、「人を使って成果を上げる人」だ。

つまり、プレイヤー時代はどんなに優秀だった人も自分のチームのメンバーを育て、メンバーの力を引き出しながら成果を上げることが求められる。

ところが、チームのメンバーが全員優秀ということはほとんどない。

能力も性格もさまざまで、できる部下もいれば、できない部下もいる。できない部下を見ていると、つい「この部下を異動させたい」「できる人と交換してほしい」といったわがままが出てきてしまうのが人情だ。

とはいえ、マネジャーにメンバーを入れ替える権限はほとんどない。

「雇用関係は与件であって、メンバーは入れ替えられない」とはドラッカーの言葉だが、実際、ほとんどのマネジャーは、与えられたメンバーでもってチームをまとめ、成果を上げていくことになる。

ということは、**大切なのは「部下一人ひとり」をきちんと見ることだ。**ついつい部下を「できる」「できない」と単純な分け方をしてしまいがちだが、現実には「できる」部下にも「できない」ことがあり、「できない」部下にも「できる」ことがある。

そのことを見極めたうえで部下一人ひとりと接し、育て、援助することが必要だ。

ただし、そのためにはお互いの信頼が欠かせない。

アドラーが言うように、「怒りの感情は人と人を引き離す」。

人を叱責で変えるのは難しい。

まずは互いに、「いい関係」をつくることだ。

いい関係をつくることができれば、相手は何を言われても、それを受け入れようとする。こうした関係があって初めて、「できない部下」も「できる人」に向かって一歩を踏み出すことができる。

大切なのは、**与えられたものを嘆くことではなく、与えられたものをいかに活かすかなのだ。**

◎――与えられた人材で、最大のパフォーマンスを出すのがマネジャー

挨拶は、返ってこないからといってやめてはいけない。挨拶は心の潤滑油

朝、会社に出社した際、先に来ている人たちに「おはよう」と挨拶したにもかかわらず、ちょっと顔を上げるくらいで挨拶を返してくれないと寂しい気持ちになる。関係性によっては、「嫌われているのかな」と不安を感じることもある。

挨拶というのは、ささいなことのようで意外と会社の雰囲気をよく表している。挨拶のない会社の業績が悪いということは、よくあることだ。

ある会社を再建するために、親会社から子会社へ派遣されたAさんという人がいた。彼が最初にやったのは、朝と夕方の2回、工場に顔を出して元気な声で「おはよう」「ご苦労さま」と声をかけながら歩くことだった。

最初は、社長の挨拶に応える従業員は誰もいなかった。思わず現場にいた責任者が「みんな挨拶をしろ」と言いそうになったほどだが、Aさんはそれを制止して、毎日、工場に顔を出しては挨拶を続けた。

すると、しばらくして、小さな声で挨拶を返す社員が出始めた。やがて1ヶ月、2ヶ月と経つうちに、みんなが挨拶をするようになった。

以来、社長に対してだけでなく、社員同士、お客様に対しても挨拶をするようになり、業績も上向き始めることになった。たかが挨拶だが、顔を見て挨拶をすれば、その後の会話ははずみやすくなる。みんなが会話し、みんなで気づき、みんなで知恵を出す職場への第一歩は、やはり元気のよい挨拶だった。

「この世界は私の世界なのだ。待ったり期待したりしないで、私自身が行動し、つくり出さないといけない」というのはアドラーの言葉だが、たいていの人は世の中や会社に不満があっても、誰かが変えてくれるのを待ってしまう。

しかし、現実には誰も変えてはくれないし、救いの神だって現れることはない。

大切なのは、まず「自分自身」が動き出し、行動で示すことだ。自分がしないのに、相手が笑顔で自分に挨拶をしてくれるなんてことはない。

まずは、自分から大きな声で挨拶をして、話しかけていけばいいのだ。

⦿――空気を変えるには時間がかかる。まずは自分から挨拶しよう

「自分が抜けたら困る」は、新しい環境に飛び込むのを先送りする言い訳

会社が小さくて自分の期待ほど給与を上げてくれない、年功序列制が強くて、どんなに実績を挙げても評価が変わらない、会社全体の業績が悪くて自分のがんばりに対して報いが少ない……。

仕事でがんばっているにもかかわらず、待遇が良くならないと感じた時、人は転職を考える。

「この会社では、これ以上がんばっても無理かなあ」と思った瞬間だ。

結果、より条件のいい会社や、やりがいのある仕事を求めて転職先を探し始める。

しかし、なかには「転職はしたいけれども、自分が抜けたらみんなが困るのでは」と考えて転職を躊躇《ちゅうちょ》する人がいる。

愛社精神といえば聞こえがいいが、果たして本当にそうだろうか？

たしかに小さな企業の場合、一人の社員が抜けると影響は小さくない。

かといって、**「自分が抜けたらみんなが困る」は、転職をあきらめる理由にはならない。そこにあるのは「みんなが困る」よりも、転職して失敗したら「自分が困る」という迷いではないだろうか。**

転職してしまえば、新しい職場で一からスタートを切ることになる。しかし、うまくいく保証はない。

そのためアドラーの言う「もしも～であったら」と仮定することで、人生の先送りをし、その先にあるものを見たくないという心理が働いているのだ。

もし会社の待遇に疑問をもって転職を考え始めたら、**「会社のため」を口実にするのはやめて、「なぜ転職したいのか？」「転職して何を実現したいのか？」を自分なりによく考えてみることだ。**

そして答えが出たら、「もしも～であったら」などと考えない。

どちらを選択するにしろ、迷わず行動を起こすのがベストの選択だ。

今いる会社のことを言い訳に、転職をためらってはいけない

突然リストラを宣告されても、「大丈夫！」な人はここが違う

大きな災害に見舞われた時、多くの人が口にするのが「ここは大丈夫だと思っていた」だ。あるいは、振り込め詐欺のニュースがいくら報じられようが、リストラが叫ばれようが「私は大丈夫」と思い込んでいる人は少なくない。

あるビジネスパーソンは、50代前半で勤続約30年、会社の業績が悪化して早期退職者の募集が始まっても、「自分だけは大丈夫」と思い込んでいた。

ところが、ある日、上司から早期退職を勧められてすっかりうろたえてしまった。「こんなにがんばってきた自分がどうして？」ということだ。

しかし、考えてみて欲しい。世の中に「絶対」はないし、ましてや企業であれば「代わる者のいない人材」なんていない。

だとすれば、突然リストラを通告されたからと言って、大慌てをするようではどうしようもない。言われて慌てるのではなく、「いざという時の心構え」は持っておいた

ほうがいい。もちろん「その日」が来なければそれに越したことはないが、「心構え」があるのとないのとでは大きな差が出る。

ただし、リストラを告げられても落胆する必要はない。アドラーは言う。

「失敗は決して勇気をくじくものではなく、新しい課題として取り組むべきものである」

長く会社一筋で来た人であればあるほど、リストラはそれまでの人生を否定されたような気になってしまう。まるで敗残者になった気持ちだ。

しかしアドラーによると、それはたとえ失敗しても、自分には何ができ、何ができないのかがわかり、次の課題になっただけのこととなる。

生きているとすべてが思い通りにいくわけではないし、たくさんの失敗も経験する。ただ、失敗したからと言って、くよくよしている暇はない。「何が原因か」について自分なりに納得したら、すぐに次の一歩を踏み出すことが大切なのだ。

「絶対に自分だけは大丈夫」は思考停止の赤信号

過去の肩書にすがるのをやめた人から、新たな一歩が踏み出せる

「人生100年時代」と言われるだけに、60歳で定年と言われても、「その後の40年」を考えると誰しも不安になる。再雇用や再就職などで何年かは働いたとしても、いずれはほとんどの人が慣れ親しんだ職場を離れることになる。

人は、「共同体の中に自分の居場所があると感じる」ことが「良い人生の基礎」となる。退職してそれまで拠り所としていた「貢献の場」をなくし、「会社とのつながり」を失うことは、それこそ「裸で荒海に投げ出される」ようなものであり、不安を抱くのは仕方のないことだ。

問題は、それまで当たり前と思っていた「居場所」をなくした時にどう生きるかだ。

アドラーによると、「もはや自分が必要とされないのではないかと考える老人は、子どもが言うことを何一つ断らない優しい老人になるか、ガミガミ文句を言うだけの批評家になる」ため、できるならいくつになっても仕事を続けたほうがいい。

人によっては定年後、聞かれもしないのに、「前はこんなことをしていたんですよ」と以前に勤めていた会社名や役職をアピールする人がいる。

こうした人はいつまでも「過去の自分」を引きずって、新たな一歩を踏み出すことをためらっているのだ。

ほとんどの人がいつかは職場を離れ、肩書のない人として生きることになる。

だからといって、「自分の価値」がなくなるわけでもないし、「社会への貢献」ができなくなるわけでもない。

ある有名企業の経営者は社長をやめた後、すべての役職を辞して空港などで語学ボランティアに励んだというが、何の肩書を持たない生き方もまたいいものだ。

かつての会社や過去の肩書に期待するのではなく、今の自分にできることに期待しよう。

これまでしっかりと生きてきたこと自体に、価値があるのだから。

肩書がなくなっても、自分の価値がなくなるわけではない

第3章

他人のことより、まず自分の気持ちを大切にする

人間関係に疲れたら、思い切って「その場」を離れてみる

学生時代、別にいじめられているわけでもないのに、クラスのみんなや部活のみんなと一緒にいるのが嫌になったことはないだろうか。

就職して一つの部署や営業所に配属になり、それなりにみんなと仲良くしているけれど、気分が乗らなくて、「一人になりたいなあ」「会社に行きたくないなあ」と思ったことはないだろうか。

もし今、学校でひどいいじめにあっているとか、会社で過労死寸前の仕事を強いられているとすれば、それは即座に「逃げた」ほうがいい。

しかし、自分の気持ちを押し殺して、「でも、がんばらなきゃ」と無理をすると、「逃げたい」気持ちがさらに強くなることがあるから注意が必要だ。

そんな時は、ちょっと仲間の輪や職場から離れるといい。少しだけでも「その場」を離れるだけで、人はずいぶんと違った気持ちになる。

最近のオフィスでは、みんなでコミュニケーションをとることに重きが置かれているが、その一方で一人になれる場所、たとえば瞑想のできる場所やお昼寝のできる場所などを用意するところも増えている。

それほどに人は良い仕事をするためには、一人きりになる時間が欠かせない。アドラーが言うように、私たちは「みんな仲間」だが、一人ひとりが「違うライフスタイルを持っている」のも事実である。

あるいは、**いつもの仲間とは違う人たちと交流する場を持つことも有効だ。**

人は狭い人間関係の中だけにいると、さまざまな問題で行き詰ることがあるが、外の人に相談すると、案外その解決策が見つかることも多い。

学校や職場の仲間は頼りになる存在だ。かといって、いつでも自分の悩みを解決してくれるわけではない。

時に人はいつもの輪を離れ、自分を取り戻すことで、新鮮な気持ちで日々の課題に対処できるようになる。

自分を取り戻すには、仲間の輪から出てみることも大切

悩みは「ノート」に書き出すだけで、解決する

人は生きていると、たくさんの嫌なことに遭遇する。

朝の満員電車に始まり、会社で失敗をして上司にこっぴどく叱られることもある。

お客様に嫌味を言われることもあれば、同僚から心無い言葉を投げつけられることもある。

そうすると、だんだん憂鬱な気分になってきて、「会社に行きたくないなあ」「休みたいなあ」と思うようになる。何かいい方法はないかと思って瞑想をしてみるものの、嫌な記憶や邪念が次々と湧いてきて、かえって心が乱される。

こんな時の瞑想には、ちょっとしたコツが必要だ。

瞑想のプロによると、いろいろな思いで心がかき乱されている時は、それらをいったん外に出して、引き出しに整理することが大切だという。

嫌な思いの中には自分で何とかできるものもあれば、何ともならないものもある。

それを身体の外の、区分けした引き出しに一つずつしまいこんでいく。

すると、「頭の中がぐちゃぐちゃでどうにもならない」と思っていたものが整理でき、今やるべきことは案外と限られてくるという。

瞑想というのは無になることではない。雑念が湧いても一向にかまわないので、こうした「外に出して整理する」ことを習慣にすると、心はすっきりと晴れてくる。

もし「頭の中」でできないなら、その日一日の出来事を「ノート」に書き出すだけで人はずいぶんとラクになれる。

さらに失敗については、こう考えてみるといい。

失敗は決して勇気をくじくものではなく、新しい課題として取り組むべきものである」

アドラーによると、もし失敗しても、それは自分には何ができて、何ができないかがわかることであり、それを次の課題にすればいいだけのことだ。

失敗を教訓にしつつ、嫌なことは忘れて、「明日からの自分」に期待しよう。

◉ 嫌なことは頭の外に出して整理すると、ラクになる

第 3 章
他人のことより、
まず自分の気持ちを大切にする

劣等感は、自分の「努力」と「成長」を促すためのカンフル剤

すべての人は、劣等感を持っている。

劣等感は病気ではないどころか、むしろ努力と成長への刺激であるというのがアドラーの考え方だ。

アドラーは子どもを励ます時、水泳を例に出して、こう言っている。

「最初は泳ぐのが大変だったことを覚えているだろうか？　今のように泳げるようになるまでには時間がかかったと思う。何でも最初は大変だ。でも、しばらくすると、うまくできるようになる。集中し、忍耐し、何でもいつもお母さんがしてくれると期待してはいけない。他の人が君より上手だからといって心配してはいけない」

他の人が自分より上手いかどうかは、関係ない。

他の人と比べて落ち込んだり、悲しんだり、妬《ねた》んだりするのではなく、自分自身が努力をして「今の自分」より上手くなればいいだけのことだ。

他の人を見て、「どうしてあの人は自分より上手くできるんだろう」と研究するのはかまわないが、それは**「今の自分」より上手になるためで、自分が落ち込んだりするためではないはずだ。**

人の価値は、他の人からの評価だけで決まるわけではない。

他の人の評価や、他の人との比較にとらわれることなく、目の前にある課題に全力で取り組む。

たいていの子どもは最初のうちは泳ぎに苦労するが、やがて泳げるようになり、成功することで勇気づけられ、チャンピオンになっていく。

それは、大人もまったく同じことなのだ。

うまくいっている人、成功している人はすべてあなたの研究材料

自分の意見を大切にする人が、相手からも大切にされる人

かつての大学生は、どちらかといえば議論が好きだった。

誰かが意見を言うと、それに対して、「それは違う、自分はこう思う」などとさまざまな意見が飛び交って、実に騒がしかった印象がある。もちろんそれらの意見がすべて正しいわけではないし、稚拙な意見や反対のための反対もあった。しかし、何も言わず、みんなの意見に黙って賛成するという学生はあまりいなかった。

ところが最近は、意見を求められても「私も○○さんと同じ意見です」と答える人が多く、意見と意見を闘わせる風潮はあまりないらしい。ネット上にはたくさんの意見が飛び交っているが、面と向かってとなると案外おとなしい。

ネットを見ればわかるように、独自の意見がないわけではないが、それを直接、相手に言うのを避ける傾向がある。それを言うことで、周りの人から「それは違うよ」「わかってないなあ」といった批判を受けることに対する恐れがあるからだ。

しかし、「自分の意見」があるにもかかわらず、「周りの空気」を気にして「直接伝えない生き方」は、決して周りのためにも自分のためにもならない。

アドラーによると、**良い友人は控えめではない**。他の人を怒らせるのは決して望ましいことではないが、かといって「こんなことを言ったら怒らせてしまう、嫌われてしまうかもしれない」と、いつも誰かの顔色をうかがって言いたいことを遠慮するのは、良い友人とは言えない。

大切なのは何も言わず、相手の言うことに何でも「そうだね」と従うことではない。良き友人が、時に厳しい友でもあるように、「相手のため」「自分のため」にも言いたいことがあれば遠慮なく言ったほうがいい。そうすることで初めて存在感を示すことができるし、人として成長することもできる。

何でも「はい」と言う人を、周りは重宝がっても大切には思ってくれない。そんな人たちへの期待など捨てて、はっきりと言いたいことを言うことで、人は確実に変わるし、周りの見方も変わってくることになる。

⦿—— 何でも「はい」と言う人は、実は大切に扱われていない

苦手なことをやってみると、「食わず嫌いだった」とわかることもある

どんな人にも、「苦手」なものが一つや二つはあるものだ。

「あの人はどうも苦手で」「自分にはもともと数学の才能はないから」と、あれこれ言い訳をして、一向に苦手を克服しようとしない人がいる。

しかし、「苦手」は、本当に克服できないものなのだろうか？

アドラーの特徴は、才能や遺伝の影響を認めないところにある。

そこには、アドラーの子ども時代の経験が影響している。

１８７９年、アドラーはギムナジウム（ヨーロッパの中等教育機関）に入学するが、数学に苦しみ留年している。

アドラーの成績が振るわないことに失望した父親は、「このままならギムナジウムをやめさせて靴職人の徒弟にする」と彼を脅している。

恐れをなしたアドラーは一念発起して数学に取り組んだところ、瞬く間に成績が上

昇、やがて学校で一番数学ができる生徒となった。

その時アドラーは、確信した。

特別な才能とか生まれついての能力があるという理論が、誤っていることがわかった

「誰でも何事でもなすことができる」

才能や遺伝を「できない」理由にしてはいけない。

努力や訓練は必要だが、とうてい達成できないようなこと以外は、誰でも何でも成し遂げることができるというのがアドラーの信念である。

「○○は苦手で」は、人の同情に期待した自分への都合のいい言い訳だ。「苦手」と言うことで嫌なこと、嫌いなことを避けることはできるかもしれないが、それでは自分の「やればできる」可能性を自分で潰しているのと同じだ。

成長するためには、自分への都合のいい言い訳をやめることだ。そして、他の誰よりも自分に期待する。そうすれば、あなたはどんなことでも達成できる。

⊙── 「○○は苦手」は、自分への都合のいい言い訳。今すぐやめよう

第3章

「本気を出したら、こんなものじゃない」をやめる

人生で大切なのは、目標に向かって行動することであるが、現実には根拠もないのに、努力しないでうまくいくと思っている人がいる。

そんな人がしばしば口にするのが、「もしも〜であったら」という仮定だ。

「もしも〜」をよく使う人は、本気を出したらこんなものじゃない、と訴えたいのかもしれない。しかし、そう言う人が本気で何かに取り組むことはない。

そんな人に対して、アドラーはこう指摘する。

「彼（彼女）らは自分について高い評価を持っており、人生の有用な面で多くのことを成し遂げることができると考えている。ただし、『もしも〜であったら』という条件付きであれば。これは無論、人生の嘘である」

「もしも〜」と仮定することは、人生の先送りであり、自分自身の本気の先にあるものを見たくない弱さの裏返しでもある。

ある有名アスリートが、「事前準備を怠る奴は、試合の前から負けた時の言い訳を用意しているのと同じこと」と言っていた。

つまり、「もしも〜」を多用する人は、最初から失敗した時の負けた時の準備をすることで、「できる自分への期待」を壊さないようにしているのだ。

大切なのは、「**がんばればきっとできるはずの今の自分**」**への過度な期待をやめること**だ。

まずは「今の自分」がどれほどのものかをしっかりと自覚して、「今の自分」なりの全力を出してみよう。

そのうえで「できない自分」「ダメな自分」をしっかりと自覚することで初めて、「未来の自分」へ、一歩踏み出すことができる。

⊙ ── 虚勢は弱さの裏返し。今の自分としっかりと向き合う

第3章
他人のことより、
まず自分の気持ちを大切にする

年齢を言い訳にして、やりたいことをあきらめてはいけない

ひと昔前まで、定年になったらその後の「余生」を楽しむというのが、理想の生き方だった。

しかし「人生100年時代」と言われる今、定年以後の人生をいかに生きるかは、とても重大な課題となっている。

そんな中、早めに会社をやめて新しいことに挑戦する人もいれば、定年後に「もう一花咲かせよう」と、新しいことに挑戦を始める人もいる。

とはいえ、年齢を重ねてからの失敗には大きなリスクもあるだけに、家族や周りの人たちは、「その歳で新しいことをするのはやめたほうがいいよ」「何もその年齢で苦労をしなくても」などと言って挑戦を引き留めようとする。

しかし、現実には挑戦をためらう人の多くは、「歳だからやめておこう」ではなく、「失敗するのが嫌だから」が本音なのだ。

本当に「やりたい」人にとって、年齢はさしたる障害ではない。

日清食品の創業者・安藤百福《あんどうももふく》さんがチキンラーメンの開発に成功したのは、48歳の時だった。開発資金がない中で、たった一人で始めた挑戦だった。

なぜいくつになっても挑戦できたのかの問いに、安藤さんはこう答えている。

「失ったのは財産だけではないか。その分だけ経験が血や肉となって身についた」

アドラーによると、**「我々は人生戦略の誤りに気づいたなら、それを変えることで成長できる」し、「人生のチャレンジが無尽蔵だというのは幸運なことだ」という。**

だとすれば、いくつになっても挑戦はできるし、たとえうまくいかなかったとしても、それを糧にもう一度挑戦すればいい。

大切なのは、心の底から「新しいことに挑戦したい」と願っているかだ。

その気持ちが本物なら、「もう歳だから」という言い訳などせず、「新しい自分」に期待すればいい。

人生のチャレンジは無尽蔵。いくつになっても挑戦しよう

思い通りにいかない時こそ、自分の夢を叶えるチャンス

知り合いのA君は、幼い頃から勉強がよくできて、「将来は一流大学に入ってエリートの道を歩むんだ」と自分自身も、そして家族も学校の先生も信じていた。

しかし、希望する大学の受験に2度失敗。仕方なく滑り止めで合格した大学に入学したものの、「俺の人生は終わった」と口癖のように言うようになった。

将来に何の希望も持てなくなったのか、ついに彼は大学も中退してしまった。

サッカーの日本代表として活躍した本田圭佑さんは、中学時代に人生最大の挫折を経験した。ガンバ大阪のジュニアユースに所属、いずれはユース、そしてガンバへと進みプロサッカー選手になることを目指していたが、中学を卒業する時、残念ながらユースに昇格することができなかった。

普通ならここで「もう無理だ」と投げやりになるところを、彼は「自分を知っている人のいないところで一からやり直そう」と故郷を離れ、石川県の星稜高校に進学、

その後、名古屋グランパスでプロ選手としてのキャリアをスタートさせている。

ユースに上がれなかった時、本田さんが心に誓ったのは、**「プロになる夢はあきらめない」というものだった。たとえ思い描く道が絶たれても、目標にたどり着く道は他にもある。なにより自分自身「プロになれる」と強く信じていた。だからこそ本田さんは、一つの道を絶たれても別の道を力強く進むことができたのである。**

「たいていの人は今よりも遠くに行くことができる」がアドラーの言葉である。

ただし、そのためには「適切な訓練」を続けなければならないし、本人自身が自分を信じ、目の前の課題に取り組む勇気を持ち続けることが欠かせない。

人生は決して平たんではない。たくさんの失敗もあれば、「この道を」と信じて進んだ道が行き止まりになってしまうこともある。

大切なのは、**目指す道が閉ざされても、自分はきっと夢を実現できると「未来の自分」を期待して進み続けることだ。**

そうすれば、いつか「あの時の挫折」さえ「良かった」と言えるようになる。

目標へ至る道は一つとは限らない。あきらめるな

自分で自分の「負のストーリー」を作り上げて落ち込まない

「自分は話下手だしあがり症だ。そんな自分が営業でお客さま相手に気の利いたことなんか言えるはずがない」

営業マンにとって、話の上手い下手は重要だ。営業先で上手く話せなかったり、お客さんの前であがってしまった経験があると、「自分は話し下手だから」「自分はあがり症だから」といったコンプレックスが強くなる。結果的に「自分に営業や接客は無理」といったマイナス思考に陥ってしまうこともある。

なかには「営業に回された」＝「できっこない仕事をさせようとしている」＝「自分に辞めろということか」という自分勝手な思い込みのストーリー作り上げてしまう人もいる。しかし、そんな時に頭に入れておきたいのが、「営業は話し合いではなく聞き合いだ」という言葉だ。

営業というのは、お客さまのニーズを無視して一方的に売り込めばいいというものではない。今の時代、「ソリューション営業」という言葉があるように、お客さまの困りごとをしっかりと聞いたうえで、最適な提案をできてこそ商談は成立する。

つまり、「話し上手」よりも「聞き上手」こそが求められているということだ。

「話す力」は劣っていても、「聞く力」を磨けば、いい営業ができるかもしれないし、それをきっかけに自分の新しい何かが生まれてくることだってある。

アドラーによると、「もしも～であったら」は人生の嘘となる。「もしも話し上手だったら営業ですごい成績が出せるはずだ」と言ったところで、現実には話し上手ではないのだから、そんなことはあり得ないし、営業をやりたくない理由でしかない。

そんな「嘘」に逃げるくらいなら、精一杯の努力をする方がはるかに有益だ。

今の自分に対し、「もしも～であったら」と期待したところで、それは実現しないものばかりだ。それよりも、たとえば「聞き上手」の自分に期待するほうがいい。

案外、そこには自分も気づかなかった自分がいるかもしれないのだから。

思い込みを外せば、新しい自分を発見できる

計画を立てても、三日坊主で終わってしまうのはなぜだろう

健康のために早朝ランニングを始めたものの、3日でやめてしまった。資格試験のために学校に入ったものの、いつの間にか行かなくなってしまった……。

そんな自分を目の当たりにするとつい、「飽きっぽいな」とか「三日坊主で終わっちゃった」と自分を責めてしまいがちだが、そう簡単に治らないのも事実。

子ども時代ならいざ知らず、大人になって資格取得、自己実現など「こうしたい」「こうなりたい」と考えていたことがまったく実現できないとなると悩みも深刻だ。

これは「あれをやりたい」「これもやらなければ」という思いはあるものの、最後までやろうという意思に問題があるケースだ。アドラーは言う。

「神経質な人は、よい意図を持っていることを示しさえすればいいと感じている。しかし、よい意図を持っているだけでは十分ではない。我々は、社会において大切なことは実際に成し遂げていること、実際に与えていることである、ということを教えな

ければならない」

計画というのは立てるのは楽しいが、いざ実行となると、「毎日コツコツ」という地道な作業が求められるため、つい「今日はしんどいからいいや」「今日は他の事で忙しかったからできなくても仕方がない」と言い訳をして、先延ばしにしてしまうことがある。アドラーの言う「私は●●したい、でも」という奴だ。

計画に限らず、「立てるだけ」「言うだけ」では何も進まないし、人からの信用も得られない。

計画通りにいかなくてもかまわないから、計画を立てた以上は最後まで「やり切る」ことを心がける。**計画上手な自分に期待するのはやめる。ゆっくりとでも計画を最後まで実行する自分に期待することだ。**

上手でも下手でもかまわない。「やり切る」ことが習慣になれば、よい意図はきっとよい成果につながることになる。

計画通りにいかなくてもかまわない。やり切ることを習慣にする

人の評価はあてにしない。自分の「内なるスコアカード」を信じる

今の時代、ネット上にはたくさんの「口コミ」があふれている。アマゾンを見れば本はもちろんのこと、ほとんどの商品に対して「★いくつ」とともにユーザーのコメントが掲載されている。参考にしている人も多いだろう。

同様に、レストランについてもたくさんのコメントがあふれている。ミシュランガイドのような権威ある本もあるのだから、評判の良い店を選べば「はずれ」はないはずだが、それでも実際に行ってみるとがっかりすることもある。

何でもそうだが、サービスや味にも相性がある。あるいは、自分の「期待値」が高過ぎたがためにがっかりすることもある。

こんな時、人によっては「来て損したなあ」「お金のムダ遣いだった」と思う人がいるかもしれない。しかし、あまりに「損得」だけで物事を判断すると、肝心の「楽しむ」気持ちが失せてしまうのではないだろうか。ネットで調べて「あそこへ行こう」

とあれこれ考えていた時間はそれなりに楽しかったはずだし、高すぎる期待値を除けばそれなりに「良かった」店かもしれない。

そもそもネット上の口コミを、100％信じることが間違いなのだ。

投資家のウォーレン・バフェットの言葉に「外のスコアカード」と「内なるスコアカード」という言い方があるが、**口コミやマスコミの評価といった「外のスコアカード」を信じ過ぎると、自分自身が体験し考え評価する力が衰えてしまう。大切なのは、外のスコアカード以上に内なるスコアカードを磨き、そして信じることだ。**

アドラーによると、人生で大切なのは「自分が何かをなす」ことであり、他人を論評してばかり、他人に依存してばかりでは、肝心な自分自身の課題を解決できなくなってしまう。口コミやマスコミの評価を参考にするのはいいが、頭から信じ込むと裏切られることもある。

外の評価を100％信じて、期待するのはやめにする。磨くべきは自分の評価であり、それは時に「がっかりした」「失敗した」を経て磨かれていくことになる。

◉ ──「がっかりした」は、自分の評価力を磨くチャンス

第3章

うまくいかない時の、周りの「撤退の勧め」に注意

難しい課題に取り組み、時間もお金もそれなりにかかっているのに、思うような結果が出ないことがある。時には「もうダメかな」と弱気になることもある。

そんな時に気を付けたいのが、周りにいる「撤退屋」の人たちの忠告だ。

「私もこの課題には何回か挑戦したけど、いつもうまくいかない。だから、やめたほうがいい」「これ以上続けるのは時間のムダだ。君のキャリアを傷つけないように早めにやめたほうがいい」といった「心からの忠告」のふりをした「撤退の勧め」である。

「自分がうまくいかなかったんだから、こいつにできるはずがない」という気持ちも見え隠れする。こうしたネガティブな忠告は、いつだって心を弱らせる。結果が出ないことをやり続けるのは、本当に勇気のいることだ。

青色発光ダイオードでノーベル賞を受賞した中村修二さんは会社員時代、いつも撤退屋の忠告に悩まされた。そんな時思っていたのは「撤退を100回繰り返したとし

判断基準はすべて「自分がやりたいかどうか」で決める

ても何も手に入らないのだから、本当にダメかどうかは、自分の目で確かめよう」だった。やり始めた以上、成功すれば一番いいが、失敗したなら失敗したで「失敗した」と自分が確認するまでは決してあきらめず、投げ出さないという気持ちでがんばり続けた結果が、世紀の発明につながったという。

アドラーによると、何かをやるべき時には、他の人が協力的かどうかに関係なく、自分自身が始めることが肝心だという。

人生で大切なのは、自分が何を成すかであり、誰かが協力してくれるとか、誰かが助けてくれるということは関係ない。「周りがどうか」になど期待せず、自分自身がそれをやりたいかどうか、やり続けたいと思っているかどうかこそが大切になる。

「やめるか、やめないか」を決めるのは自分である。自分自身に「もうちょっとがんばろう」という気持ちがあるのなら、撤退屋の言うことなど無視すればいい。

もしかしたら101回叩けば開かれるドアの前で、100回叩いたところで「やめるか、やめないか」を迷っているかもしれないのだから。

第3章

他人が自分より上手いからといって、自分を過小評価しない

中学時代に、野球部に所属していたお笑い芸人がテレビでこんな話をしていた。

「島では自分が一番野球が上手だったのに、高校で野球部に入ったら自分が一番下手だとわかってびっくりしました」

こうした「一つ上のレベル」に行った時のショックは、誰しも経験したことがあると思う。

テニスプレーヤーの錦織圭さんも、同様の経験をしたことがある。錦織さんは5歳でテニスを始め、11歳の時に全国小学生選手権で優勝、13歳でアメリカのIMGアカデミーに入っている。日本にはいないライバルを求めての挑戦だった。

ところが、いざ入ってみると、ライバルどころか、はるか格上の選手が20人もいて、最初はまったく歯が立たなかった。2年目でポイントがとれるようになり、やっと3年目から勝てるようになったというからすさまじい「虎の穴」だ。

当時を振り返ってこう話している。

「2年間負け続けて、努力の必要性を強く感じました」

日本では「敵なし」でも、階段を一つ昇れば、まったく歯が立たない選手たちがたくさんいる。負け続けて、「もういいや」「もう無理だ」となればそこで終わりだが、負け続け、コーチに叱られながら努力し続けたからこそ今の錦織さんがいる。

「他の人が君より上手だからといって心配してはいけない」はアドラーの言葉である。

ダメなのは「もう勝てるはずがない」「もう絶対に追いつけない」と自分を「過小評価すること」だ。そうではなく「今よりも遠くに行くことができる」と信じて努力した人だけがみんなに追いつき、追い抜くことができる。

たしかに「今の自分のまま」で勝てるとか追いつけると期待するのは無理があるが、努力次第で「未来の自分」はいくらでも成長できると信じることが何より大切なのだ。

「負け続けた」からこそ、成功できることがある

「何を選択したか」より、「選択した先にどんな未来があるか」

人生は選択の連続であり、今の自分は過去の選択の結果である。そして目指すべき目標を決めるのは自分であり、そこには遺伝も運命も関係ない。

とはいえ、生きていると「あの時、ああしていれば良かったなあ」とか、「もしあの人と結婚していれば」などと悔やむこともしばしばだ。

もちろん過去に戻って、選択をやり直すことなどできないことはわかっていても、やはりこうした気持ちを拭《ぬぐ》い去るのは難しいものだ。

第一次世界大戦が起こった際、アドラーは軍医として召集され、過酷な任務を経験している。そんなアドラーに一つの喜びが訪れた。息子のヴァレンティーネが大学を卒業したのだ。

アドラーは、息子宛の手紙の中で、もはや特定の規則や規律はなく、完全に自由であること、だから自分の人生を自分のやり方で築いていかなければならないことを伝えている。目の前にあるのは歩む価値がある道であり、その道は一本ではなく、無数あるとして、アドラーはこう続けている。

「何を選択するかという問いすらありません。あるのはあなたが選択したことをどのように行なうかということであり、あなたが到達することを決めたレベルがあるだけです」

どう生きるかは、自ら目標を掲げ、自ら選択するほかはない。目指すレベルも自ら選び取る。アドラーは、息子にこのような生き方を求めていた。

人生はいつだって選択の連続だ。いつだってどれか一つしか選べない以上、自分が「こうしたい」と考えるほうを選ぶほかはない。

結果、「失敗したなあ」と思うことがあっても、それも含めて「今の自分」があると思うほかはない。人間は過去を変えることができないのだから、過去の選択について「ああしていれば」などとつまらない期待をするのはやめにする。

そして、これからの自分に目いっぱい期待するほうが人生は楽しくなる。

◉ ── 変えられない過去を悔やむより、これからの自分に期待しよう

第3章

SNSで背伸びをしても、得られるのは無責任な「いいね」だけ

インスタグラムやフェイスブックといったSNSをやっている人は、たくさんいる。とても便利なツールだし、ごく普通の人が世の中に向けて自由に発信できるという意味で、とても意義のあるツールと言える。しかし、こうしたSNSに日々時間を取られ、疲れてしまっていないだろうか。

ある芸能人が、お金がないにもかかわらず、無理をして自分を「セレブ」のようにみせていたことがあると告白していた。そこまではいかないまでも、SNSでついつい無理な「背伸び」をした経験を持つ人は少なくないのではなかろうか。

アドラーによると、どんな人にも虚栄心はある。問題は虚栄心が一定の限度を超えてしまった時だ。

人に認められたいあまり、どう見られるかばかりを気にすると、自分が何をすべきかではなく、人にどう思われるか、人にどうすれば認めてもらえるかといったことば

かりに目が行くようになる。アドラーは言う。

「認められようとする努力が優勢となるや否や、精神生活の中で緊張が高まる。常に人にどんな印象を与えるか、他の人が自分についてどう考えるかという問いにかかずらうことになるからである。行動の自由は著しく妨げられることになる。そして、最も頻繁に現れる性格特徴があらわになる。虚栄心である」

虚栄心が強くなると、共同体感覚が弱くなり、自分にとって有利かどうかばかりを考えるようになる。それではいけない。

人生をどう生きるかの決定権は、本来自分にあるが、「他の人」を意識しすぎると、その決定権を他人が持つことになってしまう。大切なのは自分の人生を生きることだ。

たしかに「いいね」をたくさんもらえれば嬉しいが、かといってそこに「本当の自分」「自分らしさ」が欠けては意味がない。みんなの「いいね」に期待して、「いいね」をもらうためだけにがんばるのはやめにする。無責任な「いいね」よりも、自分は自分らしく今を生きることが、何より大切なのだから。

虚栄心にはゴールがない。自分らしい情報を発信することに注力する

「失敗による後悔」より、「何もしなかった時の後悔」のほうがはるかに大きい

「こうしなければならない」「あれをしなければならない」と言うだけで、行動の伴わない人がいる。計画は立てるけれども実行が伴わず、「考えるだけ」「言うだけ」の人は「次の一歩」が踏み出せない。たしかに「行動する」のは、「考える」「言葉にする」以上に勇気が必要だ。アドラーはこう指摘している。

「夢を見て熟考している間に、時は過ぎ去るのである。しかし、時が過ぎてしまうと、せいぜい彼（彼女）には、今や自分ができたことを示すよい機会はないという言い訳しか残っていない」

「ああしたい」「こうしたい」「あれをしなければ」と考えるその姿勢は立派だが、それだけでは何も進まない。踏み切れない理由はさまざまだろうが、心のどこかに「何かをやって失敗したら嫌だなあ」という気持ちがないだろうか。

そんな人は、ゼネラルエレクトロニック（GE）の元CEOであるジャック・ウェ

ルチのこんな言葉を覚えておくといい。

「とにかく実行しろ。たぶんそれは正しい決断だ」

「『これをしたい』とは言わずに、とにかく実行すること。『ことを起こす』べきだ」

どんな素晴らしいビジョンや戦略も、実行しなければ何の意味もない。もちろん実行には困難が伴うし、周囲に反対されることもしばしばだが、それを克服して現実を動かしてこそ、何かを成し遂げることができるというのがウェルチの考え方だ。

さらにウェルチは、「こうしなければ」と考えて「すぐに」行動を起こした時の失敗の確率はとても低いのに対し、「ちょっと待て」とあまりに慎重であり過ぎた時には、「あの時、ああしておけば」と後悔する可能性がとても高いという。

自分に行動力が足りないと感じている人は、「こうしたい」と思ったら、すぐに行動してみることだ。

失敗による後悔より、何もしなかった時の後悔のほうがはるかに大きいのだから、「今の自分」とは違う「新しい自分」に期待して、最初の一歩を踏み出してみるといい。

◉ ──「こうしたい」と思ったら、すぐに行動したほうが失敗の確率は低い

第3章

多くの人の「すごい」より、たった一人に「理解してもらう」幸せ

同窓会に出席した時、出世している友人や華やかな仕事に就いている友人を見ると、何だか自分が「パッとしないなあ」と情けなく思える時がある。

特に生活に困っているわけでもないのに、なんだか「パッとしない自分」を残念に思ってしまう。

たしかに周りを見れば、「自分より稼いでいる」人もいれば、「華やかな活躍をしている」人もいる。しかし、自分の人生がうまくいっていないのならともかく、自分自身が不満を感じないならば、他人と自分をむやみに比較しないほうがいい。

こうした比較は度を超すと、自分の人生を「パッとしない」ものと思い込ませてしまう。さらには、自分の生き方に対して怒りが込み上げてくるから注意が必要だ。

「何が幸せか」についての価値観は、人さまざまだ。お金が第一の人もいれば、「どれだけ人に愛されているか」を基準にする人もいるし、なかには「どれだけ笑って暮ら

せるか」が幸せの基準だと語る人もいる。

アドラーは今でこそ多くの人に知られているが、一時期はフロイトやユングのほうがはるかに有名な存在だった。実績では遜色ないにもかかわらず、知名度という点では劣っていた。しかし、こう考えていた。

「たった一人でも私のメッセージを理解して、それを他の人に伝えてくれれば、私は満足だ」

名を残すより、自分の思想が一人でも多くの人に共有されることを望んでいた。**大切なのは他人と自分を比べて、自分の劣っている点を数えることではない。**

「パッとしないね」といった、他人の言葉に踊らされるのは愚かなことだ。それでは自分のいいところが見えなくなってしまう。

他人の評価を期待し過ぎると、他人の評価に振り回されるだけの人になってしまう。

他人の評価など軽く聞き流して、「自分は自分、人は人」と考えて、自分の生き方を全うする。そうすれば、自分の人生を穏やかに堂々と歩んでいくことができる。

⦿——他人と自分を比べて、自分の劣っているところを数えない

周りに何と言われようと、自分の夢をあきらめない

スポーツでも芸術でも、幼い頃からすぐれた才能を発揮して「早熟の天才」と呼ばれる人がいる。みんなが「あの子はすごいね」「大きくなったらどんなすごいことをするか今から楽しみだ」と大きな期待を寄せる。

一方で、あるスポーツが大好きで、懸命に努力しているにもかかわらず、「これ以上は無理だから他のスポーツをやったほうがいいよ」と言われる人もいる。どんなにがんばっても、周囲から「才能がない」「無理だよ」といった声が聞こえてきたとしたら、多くの人は心が折れるものだ。

２０１９年に引退を表明した大リーガーのイチローさんが、「僕はずっと笑われてきた」と言ったことがある。子ども時代から野球センス抜群のイチローさんだったが、身体の線が細くパワー不足を指摘され続けてきた。そのため「プロ野球選手になりたい」「大リーグに挑戦したい」と言った時、周囲から笑われたという。しかし、もし

その声を真に受けて、挑戦をあきらめていたら今のイチローさんは存在しない。

「周囲の声」「みんなの声」というのは無責任なものだ。それを真に受けて「僕は天才だ」などと思い込み、努力を怠れば、「早熟の天才」もあっという間に「ただの凡才」になるし、「才能がない」「無理だ」という声を無視して懸命の努力を重ねれば、アドラーが言うように、「今よりも遠くへ行くことができる」。

自分が何者でもない時、「周りの声」に期待するほど愚かなことはない。周りが見ているのは「今の自分」であって、「未来の自分」ではない。

アドラーが言うように、「過去の自分」は変えられないが、「未来の自分」はいくらだって変えられるし、そうすれば周りの声は、あっという間に「期待」へと変わる。

もし今、あなたが「周りの声」に負けてやりたいことをあきらめようとしているのなら、「自分はこれを本当にやりたいのか？」「今よりもっとがんばれるのか？」と問いかけてみることだ。もしその答えが「イエス」なら周りの声を気にせず、「未来の自分」に期待してみてはどうだろう。

「未来の自分」は、どんなに期待してもし過ぎることはない

より充実した人生を歩むためには、思い切った人生戦略の転換が必要

人は誰でも「自分の人生これでいいのだろうか？」と悩んだり、「もうちょっと違う生き方をしたいな」と思うことがある。

かといって、いきなり新しい生き方を選ぶというのは勇気が必要だ。これまで築いてきたものを失う怖さ、「うまくいかなかったらどうしよう」という不安もある。

アドラーによると、子どものライフスタイルは通常10歳前後で決定され、あとの人生では、多かれ少なかれ同じ方向に進むことになるという。

問題は子ども時代であれ、思春期であれ、大人になってからであれ、このライフスタイルが機能しなくなる、あるいは意図とは逆の結果を招くようになった時だという。

アドラーは、ある成功した科学者の例を挙げている。

その科学者は、複雑なプロジェクトに不眠不休で取り組むことによって20代で成功を収めたものの、次第に孤独で気持ちが沈んでいくのに気付いたという。友人や恋人

をつくることができず、それが孤独による憂鬱な気分につながっていたのだ。より充実した人生を送るためには、大きな転換が必要だ。アドラーは言う。

「我々は必要な時に子どもの頃の人生戦略の誤りに気づき、それを変えることで成長できる」

米国史上最も莫大な富を築いたとされる石油王ジョン・ロックフェラーは、50歳まではひたすらに金儲けに励み、「追いはぎ貴族」とも批判された。しかし、病気を機にそれまでの「金、金、金の生活」を改め、慈善事業などに励むようになったところ、病からも回復、人々に感謝されながら98歳まで生きることができた。

意志を持ち、努力を怠らなければ、何でも、いつからでも「できる」というのがアドラーの考え方だ。

過去や他人を変えることはできないが、未来と自分はいつだって変えられる、と信じてみることだ。

◉──「未来」と「自分」はいつからでも変えられる

第3章
他人のことより、
まず自分の気持ちを大切にする

第4章

成り行きに任せると、人生はこんなにラクになる

一日の始まりに「今日は素晴らしい日だ」と言うだけで、人生は変わる

「何かいいことないかなあ」「何か楽しいこと起きないかなあ」と毎日願っているのに何も起こらない。

そして、平凡な日々ばかり続くと、「何だかつまらないなあ」という気持ちになってくる。かといって、思い切って冒険するほどの勇気もない。

こういう人に対して、アドラーはこう言っている。

「夢を見て熟考している間に、時は過ぎ去るのである」

「こんなことをしたい」「あんなことをしてみたい」などと、夢見ているだけでは何も変わらない。ただ時が過ぎていくだけ。

だとしたら、選ぶ道は二つだ。

一つは「こうありたい」に向けて、勇気を出して一歩を踏み出すこと。もう一つは、平凡であっても「今日はいい一日だ」と思って精一杯生きることだ。

ある著名人は若い頃から一日の始まりに、鏡に映る自分に向かってこう言い聞かせるのを習慣にしていた。

「今日は素晴らしい日だ。私には素晴らしい仕事がある。生きることは素晴らしい。今日も成功のチャンスに数多く巡り合えるはずだ」

自分に対して繰り返し発する言葉が思考を変えていく。思考が変われば行動も変わる。

実際、この言葉を毎日繰り返していると、この言葉が真実のように思えてきて、ポジティブに生きることができるようになったと、その人は話している。

もちろん現実にはうまくいかない日もあるが、そんな時にも「新たな一日がやってくる。一日一日と前に進もう」とポジティブ思考を補給するという。

いつ来るかわからない「いいこと」「思いがけない出来事」を期待するのはやめにしよう。「今日は素晴らしい日だ」と自分に言い聞かせることで、気が付けば「今日もいい一日だったな」と思えるようになるものだ。

いつ来るかわからない僥倖《ぎょうこう》に期待するのをやめる

運に恵まれる人と恵まれない人、その差はここだ

世の中には「人たらし」と呼ばれる人がいる。

豊臣秀吉はその典型で、敵に対しても許すべきは許し、活かすべきは活かすことを徹底することで、有能な部下を家臣に加えていった。

その結果、「人たらし」である秀吉の周りにはすぐれた人材が集まり、彼らが秀吉を力強く支えていったことで彼は天下人になれた。まさに「人運に恵まれた人」の好例だ。

一方、なかなか「人運」に恵まれない人がいる。「人運」に恵まれる人と恵まれない人を比べた時、その差はどこから生まれてくるのだろうか？

そこにあるのは、「人に対する見方」だ。

どんな人にも、良い点があれば欠点もある。

「人たらし」は相手の良い面を見つけてそれを活かすのに対し、「人運の悪い人」は相

手の悪い面をわざわざ見つけて不満を漏らす。結果、「嫌な人」との仕事はうまくいくはずもなく、思うような成果が上げられなくなってしまう。

アドラーは、「人の行動はすべて目標によって」確定されるという。

「人運の悪い人」は、わざわざ「嫌なところ」や「ダメなところ」に目を向けることで、自分のやっている仕事がうまくいかない言い訳を探している可能性がある。

いずれにせよ「人運のなさ」を嘆いたところで、いきなり自分の周りが優秀な人だらけになるわけではない。そんなことには期待せず、今、自分の周りにいる人たちの「良い点」「すぐれた点」に目を向けてみる。

これまで「嫌だなあ」と思っていた人にも必ず「良い点」はあり、「学ぶべき点」がある。それができるようになれば、「人運の悪さ」を嘆くことはなくなり、もっと前向きに生きることができる。

運というのは、待っていてやって来るものではない。気持ちを前向きに、人の「良い点」を見続けていれば、いつの間にか良い運が訪れ、人にも恵まれることになる。

「人たらし」は、人の良い面を見るから「いい人」に恵まれる

「何が何でも勝たねば」を手放す

戦前のオリンピック選手の中には、「もしメダルが獲れなかったら海に飛び込んで死ぬしかない」という人がいた。しかし、当時の日本人はなかなかメダルが獲れなかった。

また、ゴルフでは「これが決まれば優勝だ」といった場面で、普段なら簡単に入るパットを大きく外してしまう選手がいる。

それほどまでに人は「何が何でも勝たなければ」といった意識が強くなり過ぎると、普段の力が発揮できなくなってしまうのだ。

そこで、アスリートたちは本番でも普段通りの結果を出すべく、すさまじい練習を行うことで自信を身に付けるわけだが、ごく普通の私たちにもできることがある。

それは、「**人事を尽くして天命を待つ**」と、「**失敗を恐れない**」ことだ。

アドラーが言うように準備を怠ったり、練習を怠けたりするのは、失敗した時の言い訳を事前に用意するのと同じだ。練習を怠けての失敗なら、「もうちょっと練習する時間があれば勝てたのに」と言い訳をすることができるからだ。

自分で自分に言い訳をしても仕方がない。まずはしっかり準備をすること。そのうえで、結果は「時の運」に任せればいい。

さらに大切なのは、アドラーの言う「失敗する勇気」を持つことだ。

人生は常に成功が約束されているわけではない。課題に挑んで失敗することもあるが、だからといって失敗を恐れて課題に挑戦しないのは「勇気がない」ことになる。

失敗から多くのことを学んで成長するのが、「失敗する勇気」である。

特に「運だけに期待する」のは間違っている。あるアスリートが言っていたが、「運やラッキーは、しっかりと練習した人間だけに訪れるおまけのようなもの」だ。

「ここは絶対に失敗できない」「何が何でも成功しなければ」というプレッシャーのかかる場面でも、「人事を尽くして天命を待つ」気持ちと、「失敗する勇気」を忘れない。

そんな人にこそ成功は訪れるのである。

最大限の努力をした後の結果は、時の運に任せる

ツイッターやフェイスブックに書きこまれる悪意あるコメントは無視する

今の時代、多くの人がインスタグラム、ツイッター、フェイスブック、ブログなどのSNSを利用している。

誰もが自由に発言できる場があり、個人が自分の声を発信できるようになったという点はとてもよいことだが、一方で、記事内容によっては、悪意あるコメントが過剰に書きこまれ、「炎上」するリスクもはらんでいる。

悪意あるコメントを目にすると、誰だって落ち込むし、「何でこんなことを書かれなきゃいけないんだろう」と嫌になるものだが、その背景には投稿者の、たくさんの人から「いいね」が欲しいという過剰な期待が込められているのも事実である。

ある時、アドラーと別の心理学者が2人でいるところに、1人の青年がやってきて「あなたたちが心理学者であることは知っています。でも、私がどんな人物かを言い当てることは、恐らくどちらにもできないことだと思いますよ」と言い放った。

この青年は、自分自身が何かをできるわけではない。その代わりに、２人の著名な心理学者に「自分が何者か言い当てられないだろう」と言うことで優越感を持とうとしたのだ。その態度は挑戦的で、相手の価値をおとしめようという悪意に満ちていた。

こうした態度をアドラーは、劣等感と虚栄心のなせることだと指摘している。

そして、「**自分がなしとげたことで秀でているのではなく、他人の価値を下げることで秀でようとすれば、そのことは弱さの兆候です**」と指摘している。

自分の価値は上がらない。単なる批評ではなく、何かをなすことに人生の意義はある。名声を得たいのなら、自分で得ようと努力すればいい。誰かを悪く言ったところで、

極端な批評の裏には、劣等感が隠れていることがしばしばだ。

自分がやっていることを匿名で、あれこれ言い立てる人のことは無視することだ。

そんな人たちの「いいね」など期待せず、「自分は何をやりたいのか」「自分は何を言いたいのか」を大切にしよう。場合によっては、一度投稿をやめるのもいい。

静寂の中から次の目標が生まれることは、よくあることだ。

◉ ── **悪意あるコメントをする人は、自分の弱さの裏返し。気にしない**

第 4 章
成り行きに任せると、
人生はこんなにラクになる

人からの評価を気にし過ぎて、自分のペースを乱さない

ネット上に限らず、人から不当な評価を受けたり、ひどい言葉を投げつけられると「本当の私を知らないのに、よくそこまで言えるものだ」と怒りが湧くことがある。

でも、そんな時にはこう考えて欲しい。

他の人の自分についての評価は、あくまでもその人自身の考えであって、自分の価値とは何の関係もないということだ。

元メジャーリーガーの松井秀喜さんはニューヨーク・ヤンキースに入団した当初、内野ゴロばかり打っていたために、マスコミから「ゴロキング」と揶揄《やゆ》されていた。

この時、松井さんが心がけていたのは、悪く書かれた記事を気にするあまり、自分のペースを乱さないようにすることだった。

「マスコミが悪く書くことを止めることはできない以上、自分にできるのは『本来の自分』を見失うことなく真摯に野球に取り組むだけだ」

そう考えた松井さんは懸命に練習に励んだ。すると結果が出るようになり、マスコミの評価も好意的なものに変わっていった。

自分にコントロールできないものに心を乱される愚かさについてアマゾンの創業者ジェフ・ベゾスは、「株価と自分は別物だ」と言った。当時、アマゾンの株価は急落、マスコミや専門家から大バッシングを受けていたが、ベゾスが社員に言い続けたのは、株価が急落したからといって自分たちが愚かになるわけではないし、株価が急上昇したからと急に頭が良くなるわけではない、というものだった。

ネットで多くの人からバッシングを受けたり、ひどいことを言われたからといって、自分自身が本当に「ひどい奴」「愚かな奴」になる必要はない。

アドラーの言うように、「自分のできること」だけに専念すればいい。

人からの評価ばかりを気にするのではなく、「人の評価と自分は別物だ」と割り切って自分磨きに専念すれば、いつか「人の評価」も変化する。

他人からの評価はコントロールできない。「自分のできること」に集中する

自分が世界の中心だと思っている人は、軽率な行動をとりがち

ここ何年かの流行語に「バイトテロ」がある。アルバイトの人たちが食材をおもちゃにしたり冷蔵庫に寝そべって、その動画をインターネットにアップするのだ。

撮影している人間は面白がって、「これはうける」と思うからこそネットにアップするわけだが、現実には「大炎上」してしまう。本人たちはクビになり、場合によっては損害賠償を求められ、企業も謝罪に追い込まれる。

すべてがアルバイトの所業というわけではないが、企業にしてみればお金を払って雇ったはずのアルバイトにテロを起こされては、遺憾という以外言葉がない。

しかも、わざわざ人目につくネットにアップするのは、「みんなが面白がるはず」といった一方的な思い込みがあるからだ。**そこに欠けているのは、「自分たちの見方」と「社会の見方」にズレがあるという想像力である。**

アドラーによると、自分が世界の中心だと思う人は、他者への関心が欠如している

という。**共同体感覚を持つためには、自分以外の他者の存在を認め、他者に関心を持ち、共感できることが重要だ。**相手と自分を同一視して、「この場合、この人ならどうするだろう」と考えることが本当の他者への関心だ。

それをアドラーは、「他の人の目で見て、他の人の耳で聞き、他の人の心で感じる」と言っている。自分たちがやろうとしていることが、自分たちにとっては楽しく愉快なことでも、それを見たお客様や会社の人間、アルバイト仲間はどう見るのだろう、どう感じるのだろうと考えることが大切なのだ。

ネットは誰もが見るものだし、いくらでも拡散されるものだ。

そこに自分たちとは違うものの見方や感じ方をする人は、大勢いる。それを忘れて、みんなの拍手喝采を期待するから大炎上を招くことになる。

どんなに炎上しても、自分で処理できるのなら一向にかまわない。

しかし、多くの人たちを巻き込む恐れがあるとすれば、アドラーが言うように「他の人の目で見て、他の人の耳で聞き、他の人の心で感じる」ことが欠かせないのだ。

他者への関心と共感が欠如している人が「大炎上」を起こす

安易な手段で手に入れた成功は、すぐに失われてしまう

ＩＴ企業の起業家の中には、20代の若さで驚くべき富を手にする人がいる。あるいは、一夜にして有名になる人もいれば、若くして著名人の仲間入りをする人もいる。

そんな人たちを多くの人は羨望のまなざしで見るが、ほとんどの人が見落としているのは、そこに至るための奮闘や努力、失敗や挫折の歴史である。

中には、成功という結果だけを追い求め、結果を出すために手段を選ばない人もいる。「大金を手にすること、有名になること＝成功」という誤った目標に突き動かされてしまった結果だ。

しかしそんな誤った目標を持ってしまうと、人生の正しい態度も、他者との協力も意味をなさなくなってしまう。

今日、目に見える結果だけで人を判断するのが普通になっているが、本来は、困難に立ち向かい、それを切り抜けた力を評価することによって人を判断するべきだ。

「ほとんど努力することなしに手に入れた成功は滅びやすい」とアドラーは言う。**他人の成功を羨むよりも、勇気を持つこと、忍耐強くあること、自信を持つことのほうがはるかに大切であり、そのほうがひと時の成功ではなく本当の成功をもたらしてくれるのだ。**

「悪銭身につかず」と言われるように、不当な手段や安易なやり方で手に入れたお金は、すぐに失われてしまう。人生も同じだ。地道な努力のない成功は、すぐ失われてしまう。

成功への道は必ずしも一直線ではない。曲がりくねった道もあれば、寄り道や行き止まり、進路変更も求められる。その中で、「がむしゃらにやる」ひたむきさを持ち続けた者だけが、最後に「成功」に至ることができる。

思いがけない幸運など期待せず、自ら信じた道をひたすらに突き進むことだ。運は転がり込んでくるのではなく、運を迎え入れる準備を怠らなかった人のところにだけやってくる。

◉ ── **真の成功の陰には、ひたむきな努力と勇気と忍耐がある**

第4章

タイプ分けが好きな人は、先入観や思い込みが強い人

朝のワイドショーなどで「●●の星座の人の今日の運勢はこうです。今日のラッキーアイテムはこれです」とやっている場面をよく目にする。

星座だけで「今日の運勢はこうだと決めつけられるの?」と内心思うものの、心のどこかで運勢や占いを気にしている自分がいる。

そのせいか、先入観に縛られて「君はB型で飽きっぽくて集団行動に向いていないね」とか、「あなたと私の星座は相性が悪い」などと決めつける人がいる。

先入観や思い込みの強すぎる人の中には、相手が「いやいや、そうじゃありません」と言っても考えを変えない人もいる。

たしかに人にはタイプがあり、自分のタイプを知ることで、どんな仕事に向いているか、どんな生き方がいいかを考える材料にはなるが、あまりそこに頼り過ぎると危険もあるとアドラーは言う。

「タイプは利用できる。それどころか利用しなければならない。しかし、似たものの場合でさえ、一人ひとり違うということを忘れてはならない」

個々人の性格は、あるタイプに当てはめることができるものの、そこには収まり切らない。

人には必ず独自性があるのだということを忘れて、先入観で決めつけてしまうと、一人ひとりの個性を見誤ることになるし、せっかくの機会を失うことにもなる。

大切なのは、**目の前にいるその人をしっかりと見ること**だ。先入観の強い人、思い込みの強い人には、それがなかなかわからない。だとしたら、せめて自分はそんなタイプ分けに振り回されることなく、「自分らしく」生きていくことだ。

もちろん自分自身も「私はB型だから」とタイプに縛られて、「やらない」「できない」の言い訳にしないほうがいい。

そのほうが、自分らしくしっかりと生きていくことができるのだから。

◉ ── タイプは利用するもので、縛られるものではない

第4章

「そこそこ」ではなく「最高」に努力すれば、限界値は無限大

あなたは人生において「なんとかなる」と思ってここまでやってきて、実際なんとかなってきたのだから、とてもすごいのだ。

もっとも、ここまでなんとかなってきたのは、あなたが不断の努力をしてきた結果なのだが、「そこそこ」の努力では、なんとかならないこともある。

「そこそこ」の努力を突き抜けるには、「限界までがんばる」経験と、「失敗と向き合う」姿勢が必要である。精一杯の努力をしたにもかかわらず、期待通りの成果が上がらなかった時、人は努力不足や能力不足に向き合うことになる。「こんなにがんばったのに、これが自分の限界か」と己の限界を知るのはつらいものだ。

アドラーは困難との向き合い方によって、人間を「楽観主義者」と「楽天主義者」と「悲観主義者」の3つに分類している。

悲観主義者は失敗した時に「深刻」になって行動せず、楽天主義者は真剣さを欠い

て「なんとかなる」とやはり行動しない。楽観主義者は、「失敗を恐れることなく」行動を起こす。失敗したらやり直せばいいと知っており、難しい課題にも果敢に挑戦でき、失敗しても「原因を調べてもう一度」とあきらめることなく進む。

これまで「なんとかなる」と思って生きてきた人も、「なんとかならない」ことの多さに気づいたら、アドラーが言うように「人生戦略の誤りに気づいて、それを変えることで成長」すればいい。

あるアスリートによると、人は100の力を出し続ければ、101、102と力が伸びていくのに対し、80くらいで出し惜しみをしていると99、98とMAXの力が落ちていくという。そこそこの力でなんとかなったからといって、いつまでも「なんとかなる」という期待はしないほうがいい。

それよりも、100の力を出して難しい課題に挑戦することで、「なんとかならないものをなんとかする」力を磨いていくほうがはるかに成長できる。

◉ ── 努力を出し惜しみすると、限界値が小さくなる

第4章
成り行きに任せると、

投資で失敗した時は、いったん損切りをして冷静さを取り戻す

ギャンブルにのめり込む人の特徴の一つは、周りの人は損をしていても自分だけはきっと儲かると信じ込むところにあるという。こうした「自分だけは何とかなるさ」と思える人を、アドラーは「楽天主義者」と呼んでいる。

みんなが「それは無理だろう」と思えるような事業に乗り出して成功するベンチャー起業家にも似たような思考がある。

彼らは「自分は失敗するはずがない」と信じ込めるからこそ、果敢に挑戦して大成功をおさめることができたのだ。

しかし、こうした人がギャンブルや株式投資などにはまると厄介なことになる。

「世界一の投資家」と呼ばれるウォーレン・バフェットによると、ギャンブルや株式投資で損失を出したからと言って「同じやり方」で取り返す必要はないという。

バフェットも若い頃、競馬場で負けが続き、「何とか取り返さなければ」と焦るあま

り、持ち金すべてを失った経験がある。

そこから導き出されたのが、「損失は同じやり方で取り返す必要はない」という経験則だ。

「見切り千両」という格言があるように、損は損だが、大損を避けるためにはさっさと、「次」に気持ちを切り替える方がはるかに賢明だ。

アドラーによると、どんな時にも「何とかなるさ」と真剣さを欠く楽天主義者と楽観主義者の大きな違いは、後者が失敗をしても、失敗の原因をしっかりと究明し、同じ失敗を繰り返さないように行動を起こすところにある。

たとえば、投資などで損失を出した時、人は精神的に混乱し冷静さを欠くことがある。

そんな時は、まず思い切って損切りをして冷静さを取り戻すことだ。

そのうえで「なぜ失敗したのか」を考え、「どうすれば同じ失敗をせず、成功できるのか」を考えることだ。

⊙ 投資では、楽天主義者ではなく楽観主義者になる

第4章

逆境は、「自分の招いた逆境」と「どうしようもない逆境」を見極めて対処する

自分ではどうしようもないことで、運命が激変することがある。

新一万円札紙幣の顔に選ばれた渋澤栄一さんは農民出身だが、あることがきっかけで武士となり幕府を支える側になったため、大政奉還によって拠り所を失ってしまった。

また、明治になってからは政府の役人となるも上層部と衝突して退職、それを機に民間人として日本経済の発展に尽くすことになったという数奇な運命を辿っている。

時代が激しく変化する中で、渋澤さんはその都度大きな役割を果たした。

それは時代の流れという「人にはどうしようもない逆境」と「人のつくった逆境」を区別し、自らの本分はどこにあるのかを見据えながら、天命に身を委ね腰をすえてコツコツと挫けず勉強を続けたからだ。

自分が招いた逆境なら、反省して悪い点を改めればいいし、そうでなければ「自分

がやるべきことは何か」をしっかりと考え、励み、時機を待てばいいというのが渋澤さんの考え方だった。

渋澤さんほどではないにしても、ほとんどの人は多かれ少なかれ「時代の変化」の影響を受けている。結果、自分の描いていた未来設計図が崩れ、「これからどうしたらいいの？」と立ちすくむことがある。自分の働いている企業の合併や倒産、外資による買収などの事態に直面した時は、己の無力さを痛感することもある。

しかし、いつの時代も「激変」は十分に起こり得る。

だとすれば、アドラーが言うように「与えられているものをどう使うか」「置かれた場所でどう生きるか」を考えるほかはない。自分が思い描いていた未来と大きくかけ離れたかもしれないが、新たな「人生戦略」を描くほかはない。

「自分にはどうしようもない逆境」に陥ったからと焦る必要はない。

「今の自分にできることは何か」を考えて、やるべきことをコツコツとやっていく。

それさえできれば、たいていの逆境は何とかなるものだ。

逆境はやるべきことをやっていれば、必ず乗り越えられる

会社や社会を良くしたければ、まず自分が行動を起こすことから始めよう

今の日本は未来に対する希望が持ちにくい。少子高齢化によって人口は減少し、労働者人口が減少すれば生産力も購買力も落ちてくる。親は子どもの将来が不安になるし、若い人たちも自分たちの10年後、20年後に不安を覚える。

さらに自分自身が不遇であれば、こうした「やがて来る危機」に有効な手を打てないでいる政治や社会にも不満をぶつけたくもなる。とはいえ、世の中が簡単に変わらないことは、誰もが知っていてそれだけに余計に腹が立ってくる。

こうしたやり場のない怒り（公憤）は、どうすればいいのだろうか？

「世界一の投資家」ウォーレン・バフェットは大学生を前にこう言っていた。

「みなさんは日々、世界を変えているんです。人に囲まれて過ごす人生で素晴らしいのは、優秀な人に囲まれるとその人たちにならって行動するようになることです。その代わり、周囲の人もあなたから影響を受けます。あなたがどう行動するかが他の人

の手本となります」

「世界を変える」といっても、みんながスティーブ・ジョブズになれるわけではない。

しかし、**自分の周りにいる人たちには、ほんの少しでも良い影響を与えることができる。それを意識しながら生きることで、誰もが今よりほんの少しでもより良い社会をつくるために貢献できる**というのがバフェットの考え方だ。

同様に、アドラーも世の中を見て、単に「いい、悪い」を判断する裁判官ではなく、社会を良くするための仲間や医者の役割を果たすように提案している。

この世界は完璧ではない。だから、批判や疑問を持つことは大切だが、もっと重要なのは少しでも社会を良くしようと行動することだ。

スーパースターが現れて、今の生きづらい世の中を劇的に変えてくれることなどはない。今の政治に関心や不満を持ちながらも、まずは自分自身がしっかりと生きていくことだ。そんな生き方が周りにいい影響を与え、この世の中を変えていく力になっていく。

◉ ── 政治や社会に不満をぶつける前に、自分ができることを考えてみる

第4章

思い通りにならないことを、楽しむゆとりを持つ

仕事で多忙な日を送っているAさんの唯一の楽しみは一年に一度の夫婦旅行だった。毎年、2人で数日かけて日本各地の名所めぐりを楽しんでいる。

そして、ある年の行き先は妻が行きたかった東北の桜の名所だった。

ガイドブックを見ながら綿密な計画を立てた妻だったが、その年は例年より桜が満開になる時期が少しばかり早かった。しかも前日に強い風が吹き雨も降ったため、いざ桜の名所に行ってみると、花はほとんど散ってしまっていた。

がっかりした妻は、運の悪さを嘆くとともに、「あと二日早く来ていれば満開の桜を楽しめたのに」とすっかり落胆してしまった。

そんな妻にAさんは、近くの川を指さしてこう声を掛けた。

「川を見てごらん。桜の花がたくさん浮いていてとてもきれいな花筏《はないかだ》だよ。それに青紅葉じゃないけど、雨が降った後の桜の葉も山の緑もとてもきれいだよ」

「意味は状況によって決定されるのではない。我々が、状況に与える意味によって自ら決定するのである」

とはアドラーの言葉である。

同じものを見たとしても、みんなが同じ感想を持つとは限らない。一人ひとりが自分の生き方を選べるように、それぞれが自分なりのものの見方をすればいい。

花が散ってしまった桜の木を見て、「あと二日早ければなあ」と嘆いたところで過去に戻れるわけではない。それよりも川に浮かんだ花筏を愛で、きれいな緑に心癒されるというのも旅の面白さの一つである。

この言葉に救われたAさんの妻はすっかり元気を取り戻し、いつものように旅行を楽しんだという。

人生では、天気に限らず、思い通りにならないものはたくさんある。そんな時開き直って、その瞬間瞬間を楽しみ尽くすことが人生を楽しむコツである。

◉——「こうあるべき」をはずしてみれば、人生案外思い通りになっている

第4章

桑原　晃弥（くわばら・てるや）

1956年、広島県生まれ。経済・経営ジャーナリスト。慶應義塾大学卒業。業界紙記者などを経てフリージャーナリストとして独立。トヨタ式の普及で有名な若松義人氏の会社の顧問として、トヨタ式の実践現場や、大野耐一氏直系のトヨタマンを幅広く取材、トヨタ式の書籍やテキストなどの制作を主導した。一方でスティーブ・ジョブズやジェフ・ベゾスなどのIT企業の創業者や、本田宗一郎、松下幸之助など成功した起業家の研究をライフワークとし、人材育成から成功法まで鋭い発信を続けている。著書に『スティーブ・ジョブズ名語録』（PHP研究所）、『スティーブ・ジョブズ　結果に革命を起こす神のスピード仕事術』（笠倉出版社）、『ウォーレン・バフェット巨富を生み出す7つの法則』（朝日新聞出版）、『トヨタ式5W1H思考』（KADOKAWA）、『1分間アドラー』（ＳＢクリエイティブ）などがある。

対人関係が驚くほどラクになる！
アドラーに学ぶ"人のためにがんばり過ぎない"生き方

2019年7月17日　第1版第1刷発行

著　者　桑原晃弥

発行所　ＷＡＶＥ出版
　　　　〒102-0074　東京都千代田区九段南3-9-12
　　　　TEL 03-3261-3713　FAX 03-3261-3823
　　　　振替　00100-7-366376
　　　　E-mail info@wave-publishers.co.jp
　　　　http://www.wave-publishers.co.jp

印刷・製本　中央精版印刷

©Kuwabara Teruya　2019　Printed in Japan
落丁・乱丁本は送料小社負担にてお取り替えいたします。
本書の無断複写・複製・転載を禁じます。
NDC140　159P　19cm
ISBN　978-4-86621-225-8